孫子兵法

〔三國〕曹操等 注

第三册

中華書局

十一家注孫子卷下

地形篇

曹操曰：欲戰，審地形以立勝也。○李筌曰：軍出之後，必有地形變動。○王皙曰：地利當周知險、隘、支、挂之形也。○張預曰：凡軍有所行，先五十里内山川形勢，使軍士伺其伏兵，將乃自行視地之勢，因而圖之，知其險易。故行師越境，審地形而立勝，故次《行軍》。

孫子曰：地形，有通者，

梅堯臣曰：道路交達。

有挂者，

梅堯臣曰：網羅之地，往必掛綴。

有支者，

梅堯臣曰：相持之地。

有隘者，

梅堯臣曰：兩山通谷之間。

有險者，

梅堯臣曰：山川丘陵也。

有遠者。

曹操曰：此六者，地之形也。○梅堯臣曰：平陸也。○杜佑曰：此六地之名，教民居之，得便利則勝也。○張預曰：地形有此六者之别也。

我可以往，彼可以來，曰通。

杜佑曰：謂俱在平陸，往來通利也。○張預曰：俱在平陸，往來通達。

通形者，先居高陽，利糧道，以戰則利。

曹操曰：寧致人，無致於人。○李筌曰：先之以待敵。○杜牧曰：通者，四戰之地，須先據高陽之處，勿使敵人先得而我後至也。利糧道者，每於津阨或敵人要衝，則築壘或作甬道以護之。○賈林曰：通形者，無有崗坂，亦無要害，故兩通往來。處高易于望候，向陽視生，通

糧道，便易轉運，於此利於戰也。○杜佑曰：寧致人，無致於人。己先據高地，分爲屯守於歸來之路，無使敵絶己糧道也。○梅堯臣曰：先據高陽，利糧通阨，敵人來至，我戰則利。○王晳註同曹操。○何氏同杜佑註。○張預曰：先處戰地以待敵，則致人而不致於人。我雖居高面陽，坐以致敵，亦慮敵人不來赴戰，故須使糧餉不絶，然後爲利。

可以往，難以返，曰挂。

杜佑曰：掛者，牽掛也。

挂形者，敵無備，出而勝之；敵若有備，出而不勝，難以返，不利。

李筌曰：往不宜返曰挂。○杜牧曰：挂者，險阻之地，與敵共有，犬牙相錯，動有挂礙也。往攻敵，敵若無備，攻之必勝，則雖與險阻相錯，敵人已敗，不得復邀我歸路矣；若往攻敵人，敵人有備，不能勝之，則爲敵人守險阻，邀我歸路，難以返也。○陳皞曰：不得已陷在此，則須爲持久之計，掠取敵人之糧，以伺利便而擊之。○杜佑曰：敵無備，出攻之勝，可也；有備，不得勝之，則難還返也。○梅堯臣曰：出其不意，往則獲利，若其有備，往必受制。○張預曰：察知敵情，果爲無備，一舉而勝之，則可矣。若其有備，出而弗克，欲戰則不可留，欲歸則不得返，非所利也。

我出而不利，彼出而不利，曰支。

杜佑曰：支，久也，俱不便久相持也。○張預曰：各守險固，以相支持。

支形者，敵雖利我，我無出也；引而去之，令敵半出而擊之，利。

李筌曰：支者，兩俱不利，如挂之形，故各分其勢。○杜牧曰：支者，我與敵人各守高險，對壘而軍，中有平地，狹而且長，出軍則不能成陳，遇敵則自下禦上，彼我之勢俱不利便，如此，則堂堂引去，伏卒待之。敵若躡我，候其半出，發兵擊之，則利；若敵人先去以誘我，我不可出也。○陳皞曰：此説理繁而語倒。但彼此出軍，地形不便，敵若設利誘我而去，我慎勿追之。我若引去，敵止則已。若來襲我，候其半出，則急擊之。○賈林曰：支者，隔險隘，可以相要截，足得相支持，故不利先出也。○杜佑曰：利，利我也。佯背我去，我無出逐，待其引而擊之，可敗也。○梅堯臣曰：各居所險，先出必敗。利而誘我，我不可愛，僞去引敵，半出

而擊。○王晳曰：敵不肯至，則設奇伏而退，且詭之，令必出。○張預曰：利我，謂佯背我去也，不可出攻。我捨險，則反爲所乘，當自引去。敵若來追，伺其半出，行列未定，鋭卒攻之，必獲利焉。李靖《兵法》曰：「彼此不利之地，引而佯去，待其半出而邀擊之。」

隘形者，我先居之，必盈之以待敵。

杜佑曰：盈，滿也。以兵陳滿隘形，欲使敵不得進退也。

若敵先居之，盈而勿從，不盈而從之。

曹操曰：隘形者，兩山閒通谷也，敵勢不得撓我也。我先居之，必前齊隘口，陳而守之，以出奇也。敵若先居此地，齊口陳，勿從也。即半隘陳者從之，而與敵共此利也。○李筌曰：盈，平也。敵先守隘，我去之。趙不守井陘之口，韓信下之；陳豨不守漳水，高祖下之是也。○杜牧曰：盈者，滿也。言遇兩山之間，中有通谷，則須當山口爲營，與兩山口齊，如水之在器而盈滿也。○杜佑曰：謂齊口，亦滿也，如水之滿器，與口齊也。若我居之，平易險阻皆制在我，然後出奇以制敵。若敵人據隘之半，不知齊口滿盈之道，我則入隘以從之，蓋敵亦在隘，我亦在隘，俱得地形，勝敗在我，不在地形也。夫齊口盈滿之術，非惟隘形獨解有口，譬如平坡迴澤，車馬不通，舟楫不勝，中有一逕，亦須據其路口，使敵不得進也。諸可知矣。○陳皞曰：隘口，言陳是也，言營非也。○賈林曰：從，逐也。盈，實也。敵若實而滿之，則不可逐討，若虚而無備，則入而討之。○梅堯臣同杜牧註。○王晳同曹操註。○張預曰：左右高山，中有平谷，我先至之，必齊滿山口以爲陳，使敵不得進也。我可以出奇兵，彼不能以撓我。敵若先居此地，盈塞隘口而陳者，不可從也。若雖守隘口，俱不齊滿者，入而從之，與敵共此險阻之利。吴起曰：「無當天竈。」天竈者，大谷之口，言不可迎隘口而居之也。

險形者，我先居之，必居高陽以待敵。

杜佑曰：居高陽之地以待敵人，敵人從其下陰而來，擊之則勝。

若敵先居之，引而去之，勿從也。

曹操曰：地形險隘，尤不可致於人。○李筌曰：若險阻之地，不可後於人。○杜牧曰：險者，山峻谷深，非人力所能作爲，必居高陽以待敵。若敵人先據之，必不可以爭，則當引去。

陽者，南面之地，恐敵人持久，我居陰而生疾也。今若於崤澠遇敵，則先據北山，此乃是面陰而背陽也。高、陽二者，止可捨陽而就高，不可捨高而就陽。孫子乃統而言之也。○杜佑曰：地險先據，則不致於人也。○梅堯臣曰：先得險固，居高就陽，待敵則强。敵苟先之，就戰則殆，引去勿疑。○王晳曰：此亦爭地，若唐太宗先據武牢以待竇建德是也。○張預曰：平陸之地，尚宜先據，況險阨之所，豈可以致於人？故先處高陽，以佚待勞，則勝矣。若敵已據此地，宜速引退，不可與戰。裴行儉討突厥，嘗際晚下營，壍壘方周，忽令移就崇岡。將士不悦，以謂不可勞衆。行儉不從，速令徙之。是夜風雨暴至，前設營所，水深丈餘，將吏驚服。以此觀之，居高陽不惟戰便，亦無水潦之患也。

遠形者，勢均，難以挑戰，戰而不利。

曹操曰：挑戰者，延敵也。○李筌曰：力敵而挑，則利未可知也。○杜牧曰：譬如我與敵壘相去三十里，若我來就敵壘，而延敵欲戰者，是我困敵鋭，故戰者不利；若敵來就我壘，延我欲戰者，是我佚敵勞，敵亦不利，故言勢均。然則如何？曰：欲必戰者，則移相近也。○陳

皞曰：夫與敵營壘相遠，兵力又均，難以挑戰，戰則不利，故下文云「勢均，以一擊十曰走」是也。夫挑戰，先須料我兵衆强弱，可以加敵則爲之，不然，則不可輕進，自取敗也。○孟氏曰：兵勢既均，我遠入挑，則不利也。○杜佑曰：挑，迎敵也。遠形，去國遠也。地勢均等，無獨便利，先挑之戰，不利也。○梅堯臣曰：勢既均一，挑戰則勞，致敵則佚。○王晳曰：以遠致我，勞也。○張預曰：營壘相遠，勢力又均，止可坐以致敵，不宜挑人而求戰也。

凡此六者，地之道也，將之至任，不可不察也。

李筌曰：此地形之勢也，將不知者以敗。○賈林曰：天生地形，可以目察。○梅堯臣曰：夫地形者，助兵立勝之本，豈得不度也？○張預曰：六地之形，將不可不知。

故兵有走者，有弛者，有陷者，有崩者，有亂者，有北者。凡此六者，非天之災，將之過也。

賈林曰：走、弛、陷、崩、亂、北，皆敗壞大小變易之名也。○張預曰：凡此六敗，咎在人事。

夫勢均，以一擊十，曰走。

曹操曰：不料力。○李筌曰：不量力也。若得形便之地，用奇伏之計，則可矣。○杜牧曰：夫以一擊十之道，先須敵人與我將之智謀、兵之勇怯、天時地利、飢飽勞佚十倍相懸，然後可以奮一擊十，若勢均力敵，不能自料以我之一擊敵之十，則須奔走，不能返舍復爲駐止矣。○梅堯臣曰：勢雖均而兵甚寡，以寡擊衆，必走之道也。○王皙曰：不待鬭而走也。○張預曰：勢均，謂將之智勇、兵之利鈍一切相敵也。夫體敵勢等，自不可輕戰，況奮寡以擊衆，能無走乎？

卒強吏弱，曰弛。

曹操曰：吏不能統〔卒〕，故弛壞。○杜牧曰：言卒伍豪強，將帥懦弱，不能驅率，故弛坼壞散也。國家長慶初，命田布帥魏以伐王廷湊。布長在魏，魏人輕易之，數萬人皆乘驢行營，布不能禁。居數月，欲合戰，兵士潰散，布自剄身死。○賈林曰：令之不從，威之不服，見敵則亂，不壞何爲？○梅堯臣曰：吏無統率者，則軍政弛壞。○王皙同曹操註。○何氏曰：言卒伍豪強，將帥懦弱，不能驅領，故弛坼壞散也。○張預曰：士卒豪悍，將吏懦弱，不能統轄約束，故軍政弛壞也。吳楚相攻，吳公子光曰：「楚軍多寵，政令不一，帥賤而不能整，無大威命，楚可敗。」果大敗楚師也。

吏強卒弱，曰陷。

曹操曰：吏強欲進，卒弱輒陷，敗也。○李筌曰：陷，敗也。卒弱不一，則難以爲戰，是以強陷也。○杜牧曰：言欲爲攻取，士卒怯弱，不量其力，強進之，則陷没於死地也。○陳皥曰：夫人皆有血氣，誰無鬭敵之心？若將乏刑德，士乏訓練，則人皆懦怯，不可用也。○賈林曰：士卒皆羸，鼓之不進，吏強獨戰，徒陷其身也。○（堯梅）〔梅堯〕臣曰：吏雖強進，不能激之以勇，故陷於死。○王皙曰：爲下所陷。○張預曰：將吏剛勇欲戰，而士卒素乏訓練，不能齊勇同奮，苟用之，必陷於亡敗。

大吏怒而不服，遇敵懟而自戰，將不知其能，曰崩。

曹操曰：大吏，小將也。大將怒之，心不厭服，忿而赴敵，不量輕重，則（心）〔必〕崩壞。○李筌曰：將爲敵所怒，不料強弱，驅士卒如命者，必崩壞。○杜牧曰：春秋時，楚子伐鄭，晉師

救之。伍參言於楚子曰：「晉之從政者新，未能行令；其佐先穀剛愎不仁，未肯用命；其三帥者，專行不獲，聽而無上，衆無適從。此行也，晉師必敗。」晉魏錡求公族未得而怒，欲敗晉師。請致師，不許，請使，許之，遂往請戰而還。趙旃求卿未得，請挑戰，不許，召盟，許之。與魏錡皆命而往。郤克曰：「二憾往矣，弗備必敗。」隨會曰：「若二子怒楚，楚人乘我，喪師無日矣，不如備之。」先穀曰：「不可。」隨會使鞏朔、韓穿帥七覆於敖前，故上軍不敗，而中軍、下軍果敗。七覆，七處伏兵也。敖，山名也。○陳皞曰：此大將無理而怒小將，使之心内懷不服，因緣怨怒，遇敵便戰，不顧能否，所以大敗也。○賈林曰：自上墮下曰崩。大吏、小將不相壓伏，崩壞之道，將又不量己之能否，不知卒之勇怯，強與敵鬬，自取賊害，豈非自上而崩乎？○梅堯臣曰：小將心怒而不服，遇敵懟而不顧，自取崩敗者，蓋將不知其能也。○王晳曰：謂將怒不以理，且不知裨佐之才，激致其兇懟，如山之崩壞也。○何氏曰：三軍同力，上下一心，則勝也。○張預曰：大凡百將一心，三軍同力，則能勝敵。今小將恚怒，而不服於大將之令，意欲俱敗，逢敵便戰，不量能否，故必崩覆。晉伐秦，荀偃行令是也。曰：「雞鳴而駕，唯余馬首是瞻。」欒書怒曰：「晉國之命，未是有也。」遂棄之歸。又，趙穿惡臾

駢而逐秦，魏錡怒晉師而乘楚。

將弱不嚴，教道不明，吏卒無常，陳兵縱橫，曰亂。

曹操曰：爲將若此，亂之道也。○李筌曰：將或有一於此，亂之道也。○杜牧曰：言吏卒皆不拘常度，故引兵出陳，或縱或橫，皆自亂之也。○賈林曰：威令既不嚴明，士卒則無常禀，如此軍幕，不亂何爲？謂將無嚴令，賞罰不行之故。○梅堯臣曰：懦而不嚴，則士無常檢。教而不明，則出陳縱橫。不整，亂之道也。○王晳曰：亂者不勝其敗。○張預曰：將弱不嚴，謂將帥無威德也。教道不明，謂教閱無古法也。吏卒無常，謂將臣無久任也。陳兵縱橫，謂士卒無節制也。爲將若此，自亂之道。

將不能料敵，以少合衆，以弱擊強，兵無選鋒，曰北。

曹操曰：其勢若此，必走之兵也。○李筌曰：軍敗曰北，不料敵也。○杜牧曰：衛公李靖兵法有戰鋒隊，言揀擇敢勇之士，每戰皆爲先鋒。《司馬法》曰：「選良次兵，益人之強。」註

曰：「勇猛勁捷，戰不得功，後戰必選於前，當以激致其鋭氣也。」東晉大將軍謝玄北鎮廣陵時，符堅強盛，玄多募勇勁。劉牢之、何謙、諸葛侃、高衡、劉軌、田洛、孫無終等以驍猛應募，玄以牢之領精鋭，爲前鋒，百戰百勝，號爲北府兵，敵人畏之，所向必克也。○賈林曰：兵鋒不選利鈍，士卒不知勇怯，如此用兵，自取背道也。○梅堯臣曰：不能量敵情，以少當衆；不能選精鋭，以弱擊強，皆奔北之理也。○何氏曰：夫士卒疲勇，不可混同爲一，一則勇士不勸，疲兵因有所容，出而不戰，自敗也。故《兵法》曰：「兵無選鋒曰北。」昔齊以伎擊強，魏以武卒奮，秦以鋭士勝，漢有三河俠士、劒客奇材，吴謂之解煩，齊謂之決命，唐謂之跳盪，是皆選鋒之別名也。兵之勝術，無先於此。凡軍衆既具，則大將勒諸營，各選精鋭之士，須趫健出衆、武藝軼格者，部爲別隊，大約十人選一人，萬人選千人，所選務寡，要在必當，擇腹心健將統率，自大將、親兵、前鋒、奇伏之類皆品量配之也。○張預曰：設若奮寡以擊衆，驅弱以敵強，又不選驍勇之士，使爲先鋒，兵必敗北也。凡戰，必用精鋭爲前鋒者，一則壯吾志，一則挫敵威也。故尉繚子曰：「武士不選，則衆不強。」曹公以張遼爲先鋒而敗鮮卑，謝玄以劉牢

之領精鋭而拒符堅是也。

凡此六者，敗之道也，

陳皥曰：一曰不量寡衆，二曰本乏刑德，三曰失於訓練，四曰非理興怒，五曰法令不行，六曰不擇驍果，此名六敗也。

將之至任，不可不察也。

張預曰：已上六事，必敗之道。

夫地形者，兵之助也，

杜牧曰：夫兵之主，在於仁義節制而已。若得地形，可以爲兵之助，所以取勝也。「助」一作「易」。○陳皥曰：天時不如地利。○孟氏曰：地利待人而險。○賈林曰：戰雖在兵，得地易勝，故曰：「兵之易也。」山可障，水可灌，高勝卑，險勝平也。○王晳曰：兵道則在人。○張預曰：能審地形者，兵之助耳，乃末也。料敵制勝者，兵之本也。

料敵制勝，計險阨、遠近，上將之道也。

杜牧曰：饋用之費，人馬之力，攻守之便，皆在險阨遠近也。言若能料此以制敵，乃爲將臻極之道。○王皙曰：料敵窮極之情，險阨遠近之利害，此兵道也。○何氏曰：知敵、知地，將軍之職。○張預曰：既能料敵虛實強弱之情，又能度地險阨遠近之形，本末皆知，爲將之道畢矣。

知此而用戰者必勝，不知此而用戰者必敗。

杜牧曰：謂知險阨遠近也。○梅堯臣曰：將知地形，又知軍政，則勝，不知則敗。○張預曰：既知敵情，又知地利，以戰則勝，俱不知之，以戰即敗。

故戰道必勝，主曰無戰，必戰可也。戰道不勝，主曰必戰，無戰可也。

李筌曰：得戰勝之道，必（可戰）〔戰可〕也。失戰勝之道，必無戰可也。立主人者，發其行也。○杜牧曰：主者，君也。黄石公曰：「出軍行師，將在自專，進退内御，則功難成。故聖主明王，跪而推轂曰：閫外之事，將軍裁之。」○孟氏曰：寧違於君，不逆士衆。○梅堯臣曰：將在軍，君命有所不受。○張預曰：苟有必勝之道，雖君命不戰，可必戰也。苟無必戰之道，雖君命必戰，可不戰也。與其從令而敗事，不若違制而成功，故曰：「軍中不聞天子之詔。」

故進不求名，退不避罪，

王皙曰：皆忠以爲國也。○何氏曰：進豈求名也？見利於國家、士民，則進也。退豈避罪也？見其蹙國殘民之害，雖君命使進而不進，罪及其身不悔也。

唯人是保，而利合於主，國之寶也。

李筌曰：進退皆保人，非爲身也。○杜牧曰：進不求戰勝之名，退不避違命之罪也。如此之將，國家之珍寶，言其少得也。○陳皞曰：合，猶歸也。○梅堯臣曰：寧違命而取勝，勿順命而致敗。○王皙曰：戰與不戰，皆在保民利主而已矣。○張預曰：進退違命，非爲己也，皆所以保民命而合主利，此忠臣，國家之寶也。

視卒如嬰兒，故可與之赴深谿。視卒如愛子，故可與之俱死。

李筌曰：若撫之如此，得其死力也。故楚子一言，三軍之士皆如挾纊也。○杜牧曰：戰國時，吴起爲將，與士卒最下者同衣食，卧不設席，行不乘騎，親裹贏糧，與士卒分勞苦，卒有病

疽，吴起吮之，其卒母聞而哭之。或問曰：「子，卒也，而將軍自吮疽，何爲而哭？」母曰：「往年吴公吮其父，其父不旋踵而死於敵，今復吮此子，妾不知其死所矣！」○梅堯臣曰：撫而育之，則親而不離；愛而勗之，則信而不疑，故雖死與死，雖危與危。○王晳曰：以仁恩結人心也。○何氏曰：如後漢段熲爲破羌將軍以征西羌，行軍仁愛，士卒傷者，親自瞻省，手爲裹瘡。在邊十餘年，未嘗一日蓐寢，與將士同苦，故皆樂爲死戰也。晉王濬爲巴郡太守，郡邊吴境，兵士苦役，生男多不舉。濬乃嚴其科條，寬其徭課，其産育者皆與休復，所全活者數千人。及後伐吴，先在巴郡之所全活者，皆堪徭役供軍。其父母戒之曰：「王府君生爾，爾必勉之，無愛死也。」故吴子有父子之兵。○張預曰：將視卒如子，則卒視將如父，未有父在危難，而子不致死。故荀卿曰：「臣之於君也，下之於上也，如子弟之事父兄、手足之捍頭目也。」夫美酒泛流，三軍皆醉，温言一撫，士同挾纊。信乎，以恩遇下，古人所重也。故《兵法》曰：「勤勞之師，將必先己。暑不張蓋，寒不重衣，險必下步，軍井成而後飲，軍食熟而後飯，軍壘成而後舍。」

厚而不能使，愛而不能令，亂而不能治，譬若驕子，不可用也。

曹操曰：恩不可專用，罰不可獨任。若驕子之喜怒，對目還害，而不可用也。○李筌曰：雖厚愛人，不令如驕子者，有勃逆之心，不可用也。○杜牧曰：黄石公曰：「士卒可下，而不可驕。」夫恩以養士，謙以接之，故曰「可下」。制之以法，故曰「不可驕」。《陰符》曰：「害生於恩。」吴起曰：「夫鼓鼙金鐸，所以威耳。旌旗麾章，所以威目。禁令刑罰，所以威(必)〔心〕。耳威於聲，不得不清。目威於色，不得不明。心威於刑，不得不嚴。三者不立，必敗於敵。故曰：將之所撝，莫不從移。將之所指，莫不前死。」衛公李靖曰：「古之善爲將者，必能十卒而殺其三，次者十殺其一。十殺其三，威振於敵國。十殺其一，令行於三軍。是知畏我者不畏敵，畏敵者不畏我。」善無細而不賞，惡無微而不貶。馬謖軍敗，葛亮對泣而行誅。鄉人盜笠，吕蒙垂涕而後斬。馬逸犯禾，曹公割髮而自刑。兩掾辭屈，黄蓋詰問而俱斬。故能威克其愛，雖少必濟；愛加其威，雖多必敗。○孟氏曰：唯務行恩，恩勢已成，刑之必怨。唯務行刑，刑怨已深，恩之不附。必使恩威相參，賞罰並用，然後可以統衆也。

○梅堯臣曰：厚養而不使，愛寵而不教，亂法而不治，猶如驕子，安得而用也？○王晳曰：恩不以嚴，未可濟也。○何氏曰：言恩不可純任，純任則還爲己害。○張預曰：恩不可以專用，罰不可以獨行。專用恩，則卒如驕子而不能使。此曹公所以割髮而自刑，卧龍所以垂泣而行戮，楊素所以流血盈前而言笑自若，李靖所以十殺其三使畏我而不畏敵也。獨行罰，則士不親附而不可用，此古將所以投酒，楚子所以挾纊，吴起所以分衣食，闔閭所以同勞佚也。在《易》之《師》，初六曰「師出以律」，謂齊衆以法也；九二曰「師中承天寵」，謂勸士以賞也。以此觀之，王者之兵，亦德刑參任而恩威並行矣。尉繚子曰：「不愛悦其心者，不我用也。不嚴畏其心者，不我舉也。」故善將者，愛與畏而已。

知吾卒之可以擊，而不知敵之不可擊，勝之半也。

梅堯臣曰：知己而不知彼，或有勝耳。

知敵之可擊，而不知吾卒之不可以擊，勝之半也。

杜牧曰：可擊者，勇敢輕死也。不可擊者，頓弊怯弱也。○陳皞曰：此説非也。可擊、不可擊者，所謂「兵衆孰強，士卒孰練，賞罰孰明」也。○梅堯臣曰：知彼而不知己，或有勝耳。○王晳曰：知己不知彼，知彼不知己，皆未可以決勝也。○張預曰：或知己而不知彼，或知彼而不知己，則有勝有負也。唐太宗曰：「吾嘗臨陳，先料敵心與己之心孰審，然後彼可得而知焉；察敵氣與己之氣孰治，然後我可得而知焉。」言料心審治亂，察氣見強弱形也，可戰與不可戰也。

知敵之可擊，知吾卒之可以擊，而不知地形之不可以戰，勝之半也。

曹操、李筌曰：勝之半者，未可知也。○杜牧曰：地形者，險易遠近，出入迂直也。○梅堯臣曰：知彼知己，而不知地形，亦或不勝。○王晳曰：雖知彼己可以戰，然不可虧地利也。○張預曰：既知己而又知彼，但不得地形之助，亦不可全勝。

故知兵者，動而不迷，舉而不窮。

杜牧曰：未動未舉，勝負已定，故動則不迷，舉則不窮也。一云：「動而不困，舉而不頓。」○陳皞曰：窮者，困也，我若識彼此之動否，量地形之得失，則進而不迷、戰而不困者也。

○梅堯臣曰：無所不知，則動不迷闇，舉不困窮也。○王晳曰：善計者不迷，善軍者不窮。○張預曰：不妄動，故動則不誤。不輕舉，故舉則不困。識彼我之虛實，得地形之便利，而後戰也。

故曰：知彼知己，勝乃不殆。

張預曰：曉攻守之術，則有勝而無危。

知天知地，勝乃不窮。

李筌曰：人事、天時、地利，三者同知，則百戰百勝。○杜佑曰：知地之便，知天之時。地之便，依險阻，向高陽也；天之時，順寒暑、法刑德也。既能知彼知己，又按地形、法天道，勝乃可全，又何難也？○梅堯臣曰：知彼利，知此利，故不危。知天時，知地形，故不極。○王晳同梅堯臣註。○張預曰：順天時，得地利，取勝無極。

九地篇

曹操曰：欲戰之地有九。○李筌曰：勝敵之地有九，故次《地形》之下。○王晳曰：用兵之地，利害有九也。○張預曰：用兵之地，其勢有九。此論地勢，故次《地形》。

孫子曰：用兵之法：有散地，有輕地，有爭地，有交地，有衢地，有重地，有圮地，有圍地，有死地。

曹操曰：此九地之名也。○張預曰：此九地之名。

諸侯自戰其地，爲散地。

曹操曰：士卒戀土，道近易散。○李筌曰：卒恃土，懷妻子，急則散，是爲散地也。○杜牧曰：士卒近家，進無必死之心，退有歸投之處。○杜佑曰：戰其境内之地，士卒意不專，有潰散之心，故曰散地。○梅堯臣同杜牧註。○王晳同曹操註。○何氏曰：散地，士卒恃土，懷戀妻子，急則散走，是爲散地。一曰：地無關鍵，士卒易散走，居此地者，不可數戰。又曰：地遠四平，更無要害，志意不堅而易離，故曰散地。吳王問孫武曰：「散地，士卒顧家，不可與戰，則必固守不出。若敵攻我小城，掠吾田野，禁吾樵採，塞吾要道，待吾空虛而急來攻，則如之何？」武曰：「敵人深入吾都，多背城邑，士卒以軍爲家，專志輕鬭。吾兵在國，安土懷

生，以陳則不堅，以鬬則不勝，當集人合衆，聚穀蓄帛，保城備險，遣輕兵絶其糧道。彼挑戰不得，轉輸不至，野無所掠，三軍困餒，因而誘之，可以有功。若欲野戰，則必因勢，依險設伏；無險，則隱於天氣陰晦、昏霧，出其不意，襲其懈怠，可以有功。」○張預曰：戰於境內，士卒顧家，是易散之地也。郥人將伐楚師，楚鬬廉曰：「郥人軍其郊，必不誡；恃近其城，莫有鬬志。」果爲楚所(則)〔敗〕是也。

入人之地而不深者，爲輕地。

曹操曰：士卒皆輕返也。○杜牧曰：師出越境，必焚舟梁，示民無返顧之心。○李筌曰：輕於退也。○梅堯臣曰：入敵未遠，道近輕返。○王晳曰：初涉敵境，勢輕，士未有鬬志也。○何氏曰：輕地者，輕於退也。入敵境未深，往返輕易，不可止息，將不得數動勞人。吴王問孫武曰：「吾至輕地，始入敵境，士卒思還，難進易退，未背險阻，三軍恐懼，大將欲進，士卒欲退，上下異心。敵守其城壘，整其車騎，或當吾前，或擊吾後，則如之何？」武曰：「軍至輕地，士卒未專，以入爲務，無以戰爲。故無近其名城，無由其通路，設疑佯惑，示若將去。選驍騎，銜枚先入，掠其牛馬六畜。三軍見得，進乃不懼。分吾良卒，密有所伏，敵人若來，擊之勿疑。若其不至，捨之而去。」又曰：「軍入敵境，敵人固壘不戰，士卒思歸，欲退且難，謂之輕地。當選驍兵伏要路，我退敵追，來則擊之也。」○張預曰：始入敵境，士卒思還，是輕返之地也。尉繚子曰：「征役分軍而歸，或臨戰自北，則逃傷甚焉。」言民兵四集，分屯占地，使北來者當北道，則多逃，以其開之耳。

我得則利，彼得亦利者，爲争地。

曹操曰：可以少勝衆，弱擊強。○李筌曰：此阨喉守險地，先居者勝，是爲争地也。○杜牧曰：必争之地，乃險要也。前秦符堅先遣大將吕光討西域。堅敗績後，光自西域還，師至宜禾，堅涼州刺史梁熙謀拒之。高昌太守楊翰曰：「吕光新定西國，兵強氣鋭，其鋒不可當。若出流沙，其勢難測。高梧谷口險要，宜先守之，而奪其水。彼既困渴，人自然投戈。如以爲遠不可守，伊吾之關，亦可拒之。若廢此二要，難爲計矣。地有所必争，真此機也。」熙不從，竟爲光所滅也。○陳皡曰：彼我若先得其地者，則可以少勝衆，弱勝強也。○杜佑曰：

謂山水阨口，有險固之利，兩敵所争。○梅堯臣曰：無我無彼，先得則利。○王晳同陳皞註。○何氏曰：争地，便利之地，先居者勝，是以争之。吴王問孫武曰：「敵若先至，據要保利，簡兵練卒，或出或守，以備我奇，則如之何？」武曰：「争地之法，先據爲利，敵得其處，慎勿攻之，引而佯走，建旗鳴鼓，趣其所愛，曳柴揚塵，惑其耳目；分吾良卒，密有所伏；敵必出救，人欲我與，人棄我取。此争先之道也。若我先至，而敵用此術，則選吾鋭卒，固守其所，輕兵追之，分伏險阻，敵人還鬭，伏兵旁起。此全勝之道。」○張預曰：險固之利，彼我得之，皆可以少勝衆、弱勝强者，是必争之地也。唐太宗以五千人守成皋之險，坐困竇建德十萬之衆是也。

我可以往，彼可以來者，爲交地。

曹操曰：道正相交錯也。○杜牧曰：川廣地平，可來可往，足以交戰對壘。○陳皞曰：交錯是也，言其道路交横，彼我可以來往，如此之地，則須兵士首尾不絶，切宜備之。故下文云「交地，吾將謹其守」，其義可見也。○杜佑曰：交地，有數道往來，交(相)〔通〕無可絶。○梅

堯臣同陳皞註。○何氏曰：交地，平原交通也。一曰：可以交結，不可杜絶之，絶之致隙。又曰：交通四遠，不可遏絶。吴王問孫武曰：「交地吾將絶敵，使不得來，必令吾邊城修其守備，深絶通路，固其隘塞。若不先圖之，敵人已備，彼可得而來，吾不得而往，衆寡又均，則如之何？」武曰：「既我不可以往，彼可以來，吾分卒匿之，守而易怠，示其不能。敵人且至，設伏隱廬，出其不意，可以有功也。」○張預曰：地有數道，往來通達而不可阻絶者，是交錯之地也。

諸侯之地三屬，

曹操曰：我與敵相當，而旁有他國也。○孟氏曰：若鄭界於齊、楚、晉是也。

先至而得天下之衆者，爲衢地。

曹操曰：先至得其國助也。○李筌曰：對敵之傍，有一國爲之屬，先往而通之，得其衆也。○杜牧曰：衢地者，三屬之地，我須先至其衝，據其形勢，結其旁國也。天下，猶言諸侯也。○梅堯臣曰：彼我相當，有旁國三面之會，先至則得諸侯之助也。○王晳曰：曹公云：「先

至得其國助。」晳謂先至者，結交先至也。言天下者，謂能廣助，則天下可從。○何氏曰：衢地者，地要衝，控帶數道，先據此地，衆必從之，故得之則安，失之則危也。吳王問孫武曰：「衢地必先，若吾道遠發後，雖馳車驟馬，至不能先，則如之何？」武曰：「諸侯參屬，其道四通。我與敵相當，而旁有他國。所謂先者，必先重幣輕使，約和旁國，交親結恩，兵雖後至，衆已屬矣。我有衆助，彼失其黨，諸國犄角，震鼓齊攻，敵人驚恐，莫知所當。」○張預曰：衢者，四通之地。我所敵者，當其一面，而旁有鄰國，三面相連屬，當往結之，以爲己援。先至者，謂先遣使以重幣約和旁國也。兵雖後至，已得其國助矣。

入人之地深，背城邑多者，爲重地。

曹操曰：難返之地。○李筌曰：堅志也。白起攻楚，樂毅伐齊，皆爲重地。○杜牧曰：入人之境已深，過人之城已多，津梁皆爲所恃，要衝皆爲所據，還師返旆，不可得也。○杜佑曰：難返還也。背，去也。「背」與「倍」同。多，道里多也。遠去己城郭，深入敵地，心專意一，謂之重地也。○梅堯臣曰：乘虚而入，涉地愈深，過城已多，津要絶塞，故曰重難之地。○王晳曰：兵至此者，事勢重也。○何氏曰：重地者，入敵已深，國糧難應資給，將士不掠何取？吳王問孫武曰：「吾引兵深入重地，多所踰越，糧道絶塞，設欲歸還，勢不可過，欲食於敵，持兵不失，則如之何？」武曰：「凡居重地，士卒輕勇，轉輸不通，則掠以繼食，下得粟帛，皆貢於上，多者有賞，士卒無歸意。若欲還出，即爲戒備，深溝高壘，示敵且久。敵疑通途，私除要害之道，乃令輕車，銜枚而行，以牛馬爲餌。敵人若出，鳴鼓隨之，陰伏吾士，與之中期，内外相應，其敗可知也。」○張預曰：深涉敵境，多過敵城，士卒心專，無有歸志，是難退之地也。司馬景王謂諸葛恪卷甲深入，其鋒不可當是也。

行山林、險阻、沮澤，凡難行之道者，爲圮地。

曹操曰：少固也。○賈林曰：經水所毁曰圮。沮洳圮地，不得久留，宜速去也。○梅堯臣曰：水所毁圮，行則猶難，況戰守乎？○何氏曰：圮地者，少固之地也，不可爲城壘溝隍，宜速去之。吳王問孫武曰：「吾入圮地，山川險阻，難從之道，行久卒勞，敵在吾前，而伏吾後；營在吾左，而守吾右；良車驍騎，要吾隘道，則如之何？」武曰：「先進輕車，去軍十

里，與敵相候，接期險阻。或分而左，或分而右，大將四觀，擇空而取，皆會中道，倦而乃止。」○張預曰：險阻、漸洳之地，進退艱難，而無所依。

所由入者隘，所從歸者迂，彼寡可以擊吾之衆者，爲圍地。

李筌曰：舉動難也。○杜牧曰：出入艱難，易設奇伏覆勝也。○杜佑曰：所從入阨險，歸道遠也。持久則糧乏，故敵可以少擊吾衆者，爲圍地也。○梅堯臣曰：山川圍繞，入則隘，歸則迂也。○何氏曰：圍地，入則隘險，歸則迂回，進退無從，雖衆何用？能爲奇變，此地可由。吴王問孫武曰：「吾入圍地，前有強敵，後有險難，敵絶我糧道，利我走勢，敵鼓譟不進，以觀吾能，則如之何？」武曰：「圍地之宜，必塞其闕，示無所往，則以軍爲家，萬人同心，三軍齊力，并炊數日，無見火煙，故爲毁亂寡弱之形。敵人見我，備之必輕。則告勵士卒，令其奮怒，陳伏良卒，左右險阻，擊鼓而出。敵人若當，疾擊務突。我則前鬬後拓，左右掎角也。」又曰：「敵在吾圍，伏而深謀，示我以利，縈我以旗，紛紜若亂，不知所之，奈何？」武曰：「千人操旌，分塞要道，輕兵進挑，陳而勿搏，交而勿去，此敗謀之法。」○張預曰：前狹後險之地，一人守之，千人莫向，則以奇伏勝。

疾戰則存，不疾戰則亡者，爲死地。

曹操曰：前有高山，後有大水，進則不得，退則有礙。○李筌曰：阻山、背水、食盡，利速不利緩也。○杜牧曰：衛公李靖曰：「或有進軍行師，不因鄉導，陷於危敗，爲敵所制。左谷右山，束馬懸車之逕，前窮後絶，鴈行魚貫之巖。兵陳未整，而強敵忽臨，進無所憑，退無所固，求戰不得，自守莫安。駐則日月稽留，動則首尾受敵。野無水草，軍乏資糧，馬困人疲，智窮力極。一人守隘，萬夫莫向。如彼要害，敵先據之，如此之利，我已失守，縱有驍兵利器，亦何以施其用乎？若此死地，疾戰則存，不疾戰則亡。當須上下同心，併氣一力，抽腸濺血，一死於前，因敗爲功，轉禍爲福。」此乃是也。○陳皥曰：人在死地，如坐漏船，伏燒屋。○賈林曰：左右高山，前後絶澗，外來則易，內出則難，誤居此地，速爲死戰則生，若待士卒氣挫，糧儲又無而持久，不死何待？○梅堯臣曰：前不得進，後不得退，旁不得走，不得不速戰也。○何氏曰：死地力戰或生，守隅則死。吴王問孫武曰：「吾師出境，軍於敵人之地。敵人大

曰：「軍在輕地，士卒未專，以入爲務，無以戰爲。故無近其名城，無由其通路，設疑佯惑，示若將去。乃選精騎，銜枚先入，掠其六畜。三軍見得，進乃不懼。分吾良卒，密有所伏，敵人若來，擊之勿疑，若其不至，捨之而去。」

争地則無攻，

曹操曰：不當攻，當先至爲利也。○李筌曰：敵先居地，險不可攻。○杜牧曰：無攻者，言敵人若已先得其地，則不可攻也。○梅堯臣曰：形勝之地，先據乎利，敵若已得其處，則不可攻。○張預曰：不當攻而争之，當後發先至也。吴王曰：「敵若先至，據要保利，簡兵練卒，或出或守，以備我奇，則如之何？」武曰：「争地之法，讓之者得，求之者失。敵得其處，慎勿攻之，引而佯走，建旗鳴鼓，趣其所愛，曳柴揚塵，惑其耳目，分吾良卒，密有所伏，敵必出救，人欲我與，人棄我取，此争先之道也。若我先至，而敵用此術，則選吾鋭卒，固守其所，輕兵追之，分伏險阻，敵人還鬭，伏兵旁起，此全勝之道也。」

交地則無絶，

曹操曰：相及屬也。○李筌曰：不可絶間也。○杜牧曰：川廣地平，四面交戰，須車騎部伍首尾聯屬，不可使之斷絶，恐敵人因而乘我。○賈林曰：可以交結，不可杜絶，絶之致隙。○杜佑曰：相及屬也，俱可進退，不可以兵絶之。○梅堯臣曰：道既錯通，恐其邀截，當令部伍相及，不可斷也。○王晳曰：利糧道也。交相往來之地，亦謂之通地。居高陽以待敵，宜無絶糧道。○張預曰：往來交通，不可以兵阻絶其路，當以奇伏勝也。吴王曰：「交地吾將絶敵，使不得來，必令吾邊城修其守備，深絶通道，固其隘塞。若不先圖之，敵人已備，彼可得而來，吾不得而往，衆寡又均，則如之何？」武曰：「既我不可以往，彼可以來，則分卒匿之，守而易怠，示其不能。敵人且至，設伏隱廬，出其不意。」

衢地則合交，

曹操曰：結諸侯也。○李筌曰：結行也。○杜牧曰：諸侯，即上文云旁國也。○孟氏曰：得交則安，失交則危也。○梅堯臣曰：地雖四通，何以得天下之助？當以重幣合。○王晳曰：四通之境，非交援不強。○張預曰：四通之地，先交結旁國也。吴王曰：「衢地貴先。

若吾道遠而發後，雖馳車驟馬，至不得先，則如之何？」武曰：「諸侯參屬，其道四通。我與敵相當，而旁有他國。所謂先者，必重幣輕使，約和旁國，交親結恩，兵雖後至，衆已屬矣。簡兵練卒，阻利而處。我有衆助，彼失其黨，諸國犄角，敵人莫當。」

重地則掠，

曹操曰：畜積糧食也。○李筌曰：深入敵境，不可非義，失人心也。漢高祖入秦，無犯婦女，無取寶貨，得人心如此。筌以「掠」字爲「無掠」字。○杜牧曰：言居於重地，進未有利，退復不得，則須運糧，爲持久之計以伺敵也。○孟氏曰：因糧於敵也。○梅堯臣曰：去國既遠，多背城邑，糧道必絶，則掠畜積以繼食。○王晳曰：深入敵境，則掠其饒野，以豐儲也。難地，食少則危。○張預曰：深入敵境，饋餉不繼，當勵士掠食，以備其乏也。吴王曰：「重地多逾城邑，糧道絶塞，設欲歸還，勢不可過，則如之何？」武曰：「凡居重地，士卒輕勇，轉輸不通，則掠以繼食。下得粟帛，皆貢於上，多者有賞。若欲還出，深溝高壘，示敵且久。敵疑通途，私除要害，乃令輕車，銜枚而行，揚其塵埃，餌以牛馬。敵人若出，鳴鼓隨之，陰伏吾士，與之中期，内外相應，其敗可知。」

圮地則行，

曹操曰：無稽留也。○李筌曰：不可爲溝隍，宜急去之。○梅堯臣曰：既毁圮不可依止，則當速行，勿稽留也。○王晳曰：合聚軍衆，圮無舍止。○張預曰：難行之地不可稽留也。吴王曰：「山川險阻，難從之道，行久卒勞，敵在吾前，而伏吾後，營在吾左，而守吾右，良車驍騎，要吾隘道，則如之何？」武曰：「先進輕車，去軍十里，與敵相候，接期險阻，或分而左，或分而右，大將四觀，擇空而取，皆會中道，倦而乃止。」

圍地則謀，

曹操曰：發奇謀也。○李筌曰：智者不困。○杜牧曰：難阻之地，與敵相持，須用奇險詭譎之計。○杜佑曰：居此，當權謀詐譎，可以免難。○梅堯臣曰：前有隘，後有險，歸道又迂，則發謀慮以取勝。○張預曰：難以力勝，易以謀取也。吴王曰：「前有強敵，後有險難，敵絶我糧道，利我走勢，彼鼓譟不進，以觀吾能，則如之何？」武曰：「圍地必塞其闕，示無所

往，則以軍爲家，萬人同心，三軍齊力，并炊數日，無見火煙，故爲毁亂寡弱之形。敵人見我，備之必輕，則告勵士卒，令其奮怒，陳伏良卒，左右險阻，擊鼓而出。敵人若當，疾擊務突，則前鬪後拓，左右掎角。」

死地則戰。

曹操曰：殊死戰也。○李筌曰：殊死戰，不求生矣。○陳皥曰：陷在死地，則軍中人人自戰，故曰「置之死地而後生」也。○賈林曰：力戰或生，守隅則死。○梅堯臣曰：前後左右，無所之，示必死，人人自戰也。○張預曰：陷在死地，則人自爲戰。吳王曰：「敵人大至，圍我數重，欲突以出，四塞不通，欲勵士激衆，使之投命，則如之何？」武曰：「深溝高壘，安靜勿動。告令三軍，示不得已，殺牛燔車，以饗吾士，燒盡糧食，填夷井竈，割髮捐冠，絶去生慮，砥甲礪刃，并氣一力。或攻兩旁，震鼓疾譟，敵人亦懼，莫知所當。鋭卒分行，疾攻其後，此是失道而求生，故曰：困而不謀者窮，窮而不戰者亡。」

所謂古之善用兵者，能使敵人前後不相及，

梅堯臣曰：設奇衝掩。

衆寡不相恃，

梅堯臣曰：驚撓之也。

貴賤不相救，

梅堯臣曰：散亂也。

上下不相收，

梅堯臣曰：倉惶也。

卒離而不集，兵合而不齊。

李筌曰：設變以疑之，救左則擊其右，惶亂不暇計。○杜牧曰：多設變詐，以亂敵人，或衝前掩後，或驚東擊西，或立僞形，或張奇勢，我則無形以合戰，敵則必備而衆分，使其意懾離散，上下驚擾，不能和合，不得齊集，此善用兵也。○孟氏曰：多設疑事，出東見西，攻南引北，使彼狂惑散擾而集聚不得也。○梅堯臣曰：或已離而不能集，或雖合而不能齊。○王晳曰：

將有優劣則然，要在於奇正相生、手足相應也。○張預曰：出其不意，掩其無備，驍兵鋭卒，猝然突擊，彼救前則後虛，應左則右隙，使倉惶散亂，不知所禦，將吏士卒，不能相赴，其卒已散而不復聚，其兵雖合而不能一。

合於利而動，不合於利而止。

曹操曰：暴之使離，亂之使不齊，動兵而戰。○李筌曰：撓之，令見利乃動，不亂則止。○梅堯臣曰：然能使敵若此，當須有利則動，無利則止。○張預曰：彼雖驚擾，亦當有利則動，無利則止。

敢問敵衆整而將來，待之若何？

曹操曰：或問也。○梅堯臣曰：此設疑以自問，言敵人甚衆，將又嚴整，我何以待之耶？○張預曰：前所陳者，須兵衆相敵，然後可爲，故或人問武曰：「彼兵衆於我，而又整肅，則以何術待之也？」

曰：先奪其所愛，則聽矣。

曹操曰：奪其所恃之利。若先據利地，則我所欲必得也。○李筌曰：孫子故立此問者，以此爲祕要也。所愛，謂敵所便愛也，或財帛子女，吾先困辱之，則敵進退皆聽也。○杜牧曰：據我便地，略我田野，利其糧道，斯三者，敵人之所愛惜倚恃者也，若能俱奪之，則敵人雖強，進退勝敗皆須聽我也。○陳皞曰：愛者不止所恃利，但敵人所顧之事，皆可奪也。○梅堯臣曰：當先奪其所顧愛，則我志得行，然後使其驚撓散亂，無所不至也。○王晳曰：先據利地，以奇兵絶其糧道，則如我之謀也。○張預曰：武曰：「敵所愛者，便地與糧食耳，我先奪之，則無不從我之計。」

兵之情主速，乘人之不及，由不虞之道，攻其所不戒也。

曹操曰：孫子應難以覆陳兵情也。○李筌曰：不虞不戒，破敵之速。○杜牧曰：此統言兵之情狀，以乘敵閒隙，由不虞之道，攻其不戒之處，此乃兵之深情、將之至事也。○陳皞曰：此言乘敵人有不及、不虞、不戒之便，則須速進，不可遲疑也。蓋孫子之旨，言用兵貴疾速也。○梅堯臣曰：兵機貴速，當乘人之不備。乘人之不備者，行不虞之道，攻不戒之所也。○王曰：兵上神速，奇變尤當然也。○何氏曰：孟達之降魏，魏朝以達領新城太守。達復連吳固蜀，潛圖中國。謀洩，司馬宣王秉政，恐達速發，以書喻之。達得書，猶與不決。宣王乃潛軍進討。諸將皆言達與二賊交構，宜審察而後動。宣王曰：「達無信義，此其相疑之時也，當及其未定，往討之。」乃倍道兼行，八日到其城下。吳蜀各遣其將，向西城安橋、木闌塞以救達，宣王分諸將拒之。初，達與諸葛亮書曰：「宛去洛八百里，去吾一千二百里，聞吾舉事，當表上天子，比相反覆，一月間也，則吾城已固，諸軍足辦。所在深險，司馬公必不自來；諸將來，吾無患矣。」及兵到，達又告亮曰：「吾舉事八日，而兵至城下，何其神速也！」上庸城三面阻水，達於城外爲木柵以自固。宣王渡水，破其柵，直造城下，八道攻之。旬有六日，達甥鄧賢、將李輔等開門出降，遂斬達。李靖征蕭銑，集兵於夔州。銑以時屬秋潦，江水泛漲，三峽路險，必謂靖不能進，遂休兵不設備。九月，靖乃率師而進。將下峽，諸將皆請停兵待水退，靖曰：「兵貴神速，機不可失。今兵始集，銑尚未知，若乘水漲之勢，倏忽至城下，所謂疾雷不及掩耳，此兵家上策。縱彼知我，倉卒徵兵，無以應敵，此必成擒也。」遂降蕭銑。《衛公兵法》曰：「兵用上神，戰貴其速，簡練士卒，申明號令，曉其目以麾幟，習其耳以鼓金，嚴賞罰以誡之，重芻豢以養之，浚溝壍以防之，指山川以導之，召才能以任之，述奇正以教之。如此，則雖敵人有雷電之疾，而我則有所待也。若兵無先備，則不應卒；卒不應則失於機；失於機，則後於事；後於事，則不制勝而軍覆矣。」故《呂氏春秋》云：「凡兵者，欲急捷，所以一決取勝，不可久而用之矣。」或曰：「兵之情雖主速，乘人之不及，然敵將多謀，戎卒輯睦，令行禁止，兵利甲堅，氣銳而嚴，力全而勁，豈可速而犯之邪？」答曰：「若此，則當卷迹藏聲，蓄盈待竭，避其鋒勢，與其持久，安可犯之哉？廉頗之拒白起，守而不戰；宣王之抗武侯，抑而不進是也。」○張預曰：復謂或人曰：用兵之理，惟尚神速。所貴乎速者，乘人之倉卒，使不及爲備也。出兵於不虞之徑，以掩其不戒，故敵驚擾散亂，而前後不相及，衆寡不相待也。

凡爲客之道：深入則專，主人不克；

李筌曰：夫爲客深入則志堅，主人不能禦也。○杜牧曰：言大凡爲攻伐之道，若深入敵人之境，士卒有必死之志，其心專一，主人不能勝我也。克者，勝也。○梅堯臣曰：爲客者入人之地深，則士卒專精，主人不能克我。○張預曰：深涉敵境，士卒心專，則爲主者不能勝也，客在重地，主在輕地故耳。趙廣武君謂韓信去國遠鬬，其鋒不可當是也。

掠於饒野，三軍足食；

王晳曰：饒野多稼穡。

謹養而勿勞，併氣積力；運兵計謀，爲不可測。

曹操曰：養士併氣，運兵爲不可測度之計。○李筌曰：氣盛力積，加之以謀慮，則非敵之可測。○杜牧曰：斯言深入敵人之境，須掠田野，使我足食，然後閉壁養之，勿使勞苦，氣全力盛，一發取勝，動用變化，使敵人不能測我也。○陳皥曰：所處之野，須水草便近，積蓄不乏，謹其來往，善撫士卒。王翦伐楚，楚人挑戰，翦不出，勤於撫御，并兵一力，聞士卒投石爲戲，知其養勇思戰，然後用之，一舉遂滅楚。但深入敵境，未見可勝之利，則須爲此計。○梅堯臣曰：掠其富饒以足軍食，息人之力，并兵爲不可測之計。○王晳曰：謹養，謂撫循飲食周謹之也。并鋭氣，積餘力，形藏謀密，使敵不測，俟其有可勝之隙，則進之。○張預曰：兵在重地，須掠糧於富饒之野，以豐吾食，乃堅壁自守，勤撫士卒，勿任以勞苦。令氣盛而力全，常爲不可測度之計。伺敵可擊，則一舉而克。王翦伐荆，常用此術。

投之無所往，死且不北。

李筌曰：能得其力者，投之無往之地。○杜牧曰：投之無所往，謂前後進退皆無所之，士以此皆求力戰，雖死不北也。○梅堯臣曰：置在必戰之地，知死而不退走。○張預曰：置之危地，左右前後皆無所往，則守戰至死，而不奔北矣。

死焉不得，

曹操曰：士死，安不得也。○杜牧曰：言士必死，安有不得勝之理？○孟氏曰：士死，無不得也。○梅堯臣曰：兵焉得不用命？○張預曰：士卒死戰，安不得志？尉繚子曰：「一賊仗劒擊於市，萬人無不避之者，非一人之獨勇，萬人皆不肖也，必死與必生不侔也。」

士人盡力。

曹操曰：在難地，心并也。○梅堯臣曰：士安得不竭力以赴戰？○王晳曰：人在死地，豈不盡力？○何氏曰：獸困猶鬥，鳥窮則啄，況靈萬物者人乎？○張預曰：同在難地，安得不共竭其力？

兵士甚陷則不懼，

杜牧曰：陷於危險，勢不獨死，三軍同心，故不懼也。○梅堯臣同杜牧註。○王晳曰：陷之難地則不懼，不懼則鬥志堅也。○張預曰：陷在危亡之地，人持必死之志，豈復畏敵也？

無所往則固，深入則拘，

曹操曰：拘，縛也。○李筌曰：固，堅也。○杜牧曰：往，走也。言深入敵境，走無生路，則人心堅固，如拘縛者也。○梅堯臣曰：故無所往，則自然心固；人深，則自然志專也。○張預曰：動無所之，人心堅固；兵在重地，走無所適，則如拘係也。

不得已則鬥。

曹操曰：人窮則死戰也。○李筌曰：決命。○杜牧曰：不得已者，皆疑陷在死地，必不生，以死救死，盡不得已也，則人皆悉力而鬥也。○梅堯臣、何氏同杜牧註。○張預曰：勢不獲已，須力鬥也。

是故其兵不修而戒，不求而得，不約而親，不令而信，

曹操曰：不求索其意，自得力也。○李筌曰：投之必死，不令而得其用也。○杜牧曰：此言兵在死地，上下同志，不待修整而自戒懼，不待求索而自得心，不待約令而自親信也。○孟氏曰：不求其勝，而勝自得也。○梅堯臣曰：不修而兵自戒，不索而情自得，不約而衆自親，不令而人自信，皆所以陷於危難，故三軍同心也。○王晳曰：謂死難之地，人心自然故也。○張預曰：危難之地，人自同力，不修整而自戒慎，不求索而得情意，不約束而親上，不號令而信命，所謂同舟而濟，則（胡）［吳］越何患乎異心也？

禁祥去疑，至死無所之。

曹操曰：禁妖祥之言，去疑惑之計。○一本作「至死無所災」。○李筌曰：妖祥之言，疑惑之事而禁之，故無所災。○杜牧曰：黄石公曰：「禁巫祝不得爲吏士卜問軍之吉凶，恐亂

軍士之心。」言既去疑惑之路，則士卒至死無有異志也。○梅堯臣曰：妖祥之事不作，疑惑之言不入，則軍必不亂，死而後已。○王晳曰：災祥神異有以惑人，故禁止之。○張預曰：欲士死戰，則禁止軍吏不得言妖祥之事，恐惑衆也。去疑惑之計，則至死無他慮。《司馬法》曰：「滅厲祥。」此之謂也。儻士卒未有必戰之心，則亦有假妖祥以使衆者。田單守即墨，命一卒爲神，每出入約束，必稱神，遂破燕是也。

吾士無餘財，非惡貨也；無餘命，非惡壽也。

曹操曰：皆燒焚財物，非惡貨之多也；棄財致死者，不得已也。○杜牧曰：若有財貨，恐士卒顧戀，有苟生之意，無必死之心也。○梅堯臣曰：不得已，竭財貨。不得已，盡死戰。○王晳曰：足用而已。士顧財富則媮生。死戰而已。士顧生路，則無鬭志矣。○張預曰：貨與壽，人之所愛也，所以燒擲財寶、割棄性命者，非憎惡之也，不得已也。

令發之日，士卒坐者涕霑襟，偃卧者涕交頤。

曹操曰：皆持必死之計。○李筌曰：棄財與命，有必死之志，故感而流涕也。○杜牧曰：士皆以死爲約。未戰之日，先令曰：「今日之事，在此一舉，若不用命，身膏草野，爲禽獸所食也。」○梅堯臣曰：決以死力，牧説是也。○王晳曰：感勵之使然。○張預曰：感激之，故涕泣也。未戰之日，先令曰：「今日之事，在此一舉，若不用命，身膏草野，爲禽獸所食。」或曰：凡行軍饗士使酒，拔劍起舞，作朋角抵，伐鼓叫呼，所以增其氣，若令涕泣，無乃挫其壯心乎？答曰：先決其死力，後激其鋭氣，則無不勝。儻無必死之心，其氣雖盛，何由克之？若荆軻於易水，士皆垂淚涕泣，及復爲羽聲忼慷，則皆瞋目，髮上指冠是也。

投之無所往者，諸、劌之勇也。

李筌曰：夫獸窮則搏，鳥窮則啄，令急迫，則專諸、曹劌之勇也。○杜牧曰：言所投之處皆爲專諸、曹劌之勇。○梅堯臣曰：既令以必死，則所往皆有專諸、曹劌之勇。○張預曰：人懷必死，則所向皆有專諸、曹劌之勇也。專諸，吳公子光使刺殺吳王僚者。「劌」當爲「沫」。曹沫以勇力事魯莊公，嘗執匕首劫齊桓公。

故善用兵者，譬如率然。

梅堯臣曰：相應之容易也。

率然者，常山之蛇也，擊其首則尾至，擊其尾則首至，擊其中則首尾俱至。

梅堯臣曰：蛇之爲物也，不可擊，擊之，則率然相應。○張預曰：率，猶速也。擊之則速然相應，此喻陳法也。《八陳圖》曰：「以後爲前，以前爲後，四頭八尾，觸處爲首，敵衝其中，首尾俱救。」

敢問兵可使如率然乎？

梅堯臣曰：可使兵首尾率然相應如一體乎？

曰：可。夫吴人與越人相惡也，當其同舟而濟，遇風，其相救也如左右手。

梅堯臣曰：勢使之然。○張預曰：吴、越仇讎也，同處危難，則相救如兩手，況非仇讎者，豈不猶率然之相應乎？

是故方馬埋輪，未足恃也；

曹操曰：方馬，縛馬也。埋輪，示不動也。此言專難不如權巧。故曰：雖方馬埋輪，不足恃也。○李筌曰：投兵無所往之地，人自鬭如蛇之首尾，故吴越之人同舟相救，雖縛馬埋輪，未足恃也。○杜牧曰：縛馬使爲方陳，埋輪使不動，雖如此，亦未足稱爲專固而足爲恃，須任權變，置士於必死之地，使人自爲戰，相救如兩手，此乃守固必勝之道而足爲恃也。○陳皥曰：人之相惡莫甚吴越，同舟遇風而猶相救，何則？勢使之然也。夫用兵之道，若陷在必戰之地，使懷俱死之憂，則首尾前後不得不相救也。有吴越之惡，猶如兩手相救，況無吴越之惡乎？蓋言貴於設變使之，則勇怯之心一也。○梅堯臣同杜牧註。○王晳曰：此謂在難地自相救耳。蛇之首尾，人之左右手，皆喻相救之敏也。同舟而濟，在險難也，吴越猶無異心，況三軍乎？故其足恃甚於方馬埋輪。曹公説是也。○張預曰：上文歷言置兵於死地，使人心專固，然此未足爲善也。雖置之危地，亦須用權智，使人令相救如左右手，則勝矣。故曰：雖縛馬埋輪，未足恃固以取勝，所可必恃者，要使士卒相應如一體也。

齊勇若一，政之道也；

李筌曰：齊勇者，將之道。○杜牧曰：齊正勇敢，三軍如一，此皆在於爲政者也。○陳皥

曰：政令嚴明，則勇者不得獨進，怯者不得獨退，三軍之士如一也。○梅堯臣曰：使人齊勇如一心而無怯者，得軍政之道也。○王晳同梅堯臣註。○張預曰：既置之危地，又使之相救，則三軍之衆齊力同勇如一夫，是軍政得其道也。

剛柔皆得，地之理也。

曹操曰：強弱一勢也。○李筌曰：剛柔得者，因地之勢也。○杜牧曰：強弱之勢須因地形而制之也。○梅堯臣曰：兵無強弱，皆得用者，是因地之勢也。○王晳曰：剛柔，猶強弱也。言三軍之士強弱皆得其用者，地利使之然也，曹公曰「強弱一勢」是也。○張預曰：得地利，則柔弱之卒亦可以克敵，況剛強之兵乎？剛柔俱獲其用者，地勢使之然也。

故善用兵者，攜手若使一人，不得已也。

曹操曰：齊一貌也。○李筌曰：理衆如理寡也。○杜牧曰：言使三軍之士如牽一夫之手，不得已，皆須從我之命，喻易也。○賈林曰：攜手，翻迭之貌，便於回運，以前爲後，以後爲前，以左爲右，以右爲左，故百萬之衆如一人也。○梅堯臣曰：用三軍如攜手使一人者，勢不

得已，自然皆從我所揮也。○王晳曰：攜使左右前後，率從我也。○張預曰：三軍雖衆，如提一人之手而使之，言齊一也。故曰：將之所揮，莫不從移；將之所指，莫不前死。

將軍之事，靜以幽，正以治。

曹操曰：謂清淨、幽深、平正。○杜牧曰：清淨簡易，幽深難測，平正無偏，故能致治。○梅堯臣曰：靜而幽邃，人不能測。正而自治，人不能撓。○王晳曰：靜則不撓，幽則不測，正則不媮，治則不亂。○張預曰：其謀事，則安靜而幽深，人不能測。其御下，則公正而整治，人不敢慢。

能愚士卒之耳目，使之無知；

曹操曰：愚，誤也。民可與樂成，不可與慮始。○李筌曰：爲謀未熟，不欲令士卒知之，可以樂成，不可與謀始，是以先愚其耳目，使無見知。○杜牧曰：言使軍士非將軍之令，其他皆不知，如聾如瞽也。○梅堯臣曰：凡軍之權謀，使由之，而不使知之。○王晳曰：杜其見聞。○何氏同杜牧註。○張預曰：士卒懵然無所聞見，但從命而已。

易其事，革其謀，使人無識；

李筌曰：謀事或變，而不識其原。○杜牧曰：所爲之事，所有之謀，不使知其造意之端，識其所緣之本也。○梅堯臣曰：改其所行之事，變其所爲之謀，無使人能識也。○王晳曰：已行之事，已施之謀，當革易之，不可再也。○何氏曰：將術以不窮爲奇也。○張預曰：前所行之事，舊所發之謀，皆變易之，使人不可知也。若裴行儉令軍士下營訖，忽使移就崇岡。初，將吏皆不悦，是夜風雨暴至，前設營所水深丈餘，將士驚服，因問曰：「何以知風雨也？」行儉笑曰：「自今但依吾節制，何須問我所由知也！」

易其居，迂其途，使人不得慮。

李筌曰：行路之便，衆人不得知其情。○杜牧曰：易其居，去安從危；迂其途，捨近即遠，士卒有必死之心。○陳皞曰：將帥凡舉一事，切委曲而致之，無使人得計慮者。○賈林曰：居我要害，能使自移；途近於我，能使迂之；發機微，路人不能知也。○梅堯臣曰：更其所安之居，迂其所趨之途，無使人能慮也。○王晳曰：處易者，將致敵以求戰也。迂途者，示遠而

密襲也。○張預曰：其居則去險而就易，其途則捨近而從遠，人初不曉其旨，及勝乃服。太白山人曰：「兵貴詭道者，非止詭敵也，抑詭我士卒，使由之而不使知之也。」

帥與之期，如登高而去其梯；

梅堯臣曰：可進而不可退也。

帥與之深入諸侯之地，而發其機，

杜牧曰：使無退心，孟明焚舟是也。○一本「帥與之登高」。○陳皞曰：發其心機。○賈林曰：動我機權，隨事應變。○梅堯臣曰：發其危機，使人盡命。○王晳曰：皆勵決戰之志也。機之發，無復迴也。賈詡勸曹公曰「必決其機」是也。○張預曰：去其梯，可進而不可退；發其機，可往而不可返，項羽濟河沉舟之類也。

焚舟破釜，若驅群羊，驅而往，驅而來，莫知所之。

曹操曰：一其心也。○李筌曰：還師者，皆焚舟梁，堅其志，既不知謀，又無返顧之心，是以如驅羊也。○杜牧曰：三軍但知進退之命，不知攻取之端也。○梅堯臣曰：但馴然從驅，莫

知其他也。○何氏曰：士之往來，唯將之令，如羊之從牧者。○張預曰：群羊往來，牧者之隨；三軍進退，惟將之揮。

聚三軍之衆，投之於險，此謂將軍之事也。

曹操曰：險，難也。○梅堯臣曰：措三軍於險難而取勝者，爲將之所務也。○張預曰：去梯發機，置兵於危險以取勝者，此將軍之所務也。

九地之變，屈伸之利，人情之理，不可不察。

曹操曰：人情見利而進，見害而退。○杜牧曰：言屈伸之利害，人情之常理，皆因九地以變化。今欲下文重舉九地，故於此重言，發端張本也。○梅堯臣曰：九地之變，有可屈可伸之利，人情之常理，須審察之。○王晳曰：明九地之利害，亦當極其變耳。言屈伸之利者，未見便則屈，見便則伸。言人情之理者，深專、淺散、圍禦之謂也。○張預曰：九地之法，不可拘泥，須識變通，可屈則屈，可伸則伸，審所利而已。此乃人情之常理，不可不察。

凡爲客之道：深則專，淺則散。

梅堯臣曰：深則專固，淺則散歸。此而下重言九地者，孫子勤勤於九變也。○張預曰：先舉兵者爲客，入深則專固，入淺則士散。此而下言九地之變。

去國越境而師者，絕地也。

梅堯臣曰：進不及輕，退不及散，在二地之間也。○王晳曰：此越鄰國之境也，是謂孤絕之地，當速決其事，若吴王伐齊。近之兵如此者鮮，故不同九地之例。○張預曰：去已國、越人境而用師者，危絕之地也，若秦師過周而襲鄭是也。此在九地之外而言之者，戰國時間有之也。

四達者，衢地也。

梅堯臣曰：馳道四出，敵當一面。○張預曰：敵當一面，旁國四屬。

入深者，重地也。

梅堯臣曰：士卒以軍爲家，故心無散亂。

入淺者，輕地也。

梅堯臣曰：歸國尚近，心不能專。

背固前隘者，圍地也。

梅堯臣曰：背負險固，前當阨塞。○張預曰：前狹後險，進退受制於人也。

無所往者，死地也。

梅堯臣曰：窮無所之。○張預曰：左右前後，窮無所之地。

是故散地，吾將一其志；

李筌曰：一卒之心。○杜牧曰：守則志一，戰則易散。○梅堯臣曰：保城備險，一志堅守，候其虛懈，出而襲之。○張預曰：集人聚穀，一志固守，依險設伏，攻敵不意。

輕地，吾將使之屬；

曹操、李筌曰：使相及屬。○杜牧曰：部伍營壘密近聯屬，蓋以輕散之地，一者備其逃逸，二者恐其敵至，使易相救。○杜佑曰：使，相仍也。輕地還師，當安道促行，然令相屬續，以備不虞也。○梅堯臣曰：行則隊校相繼，止則營壘聯屬，脫有敵至，不有散逸也。○王晳曰：絕，則人不相恃。○張預曰：密營促隊，使相屬續，以備不虞，以防逃遁。

爭地，吾將趨其後；

曹操曰：利地在前，當速進其後也。○李筌曰：利地必爭，益其備也。此筌以「趨」字爲「多」字。○杜牧曰：必爭之地，我若已後，當疾趨而爭，況其不後哉？○陳皞曰：二說皆非也。若敵據地利，我後爭之，不亦後據戰地而趨戰之勞乎？所謂爭地必趨其後者，若地利在前，先分精鋭以據之，彼若恃衆來爭，我以大衆趨其後，無不剋者，趙奢所以破秦軍也。○杜佑曰：利地在前，當進其後。爭地，先據者勝，不得者負，故從其後，使相及也。○梅堯臣曰：敵未至其地，我若在後，則當疾趨以爭之。○張預曰：爭地貴速，若前驅至而後不及，則未可。故當疾進其後，使首尾俱至。或曰：趨其後，謂後發先至也。

交地，吾將謹其守；

杜牧曰：嚴壁壘也。○梅堯臣曰：謹守壁壘，斷其通道。○王晳曰：懼襲我也。○張預曰：不當阻絕其路，但嚴壁固守，候其來，則設伏擊之。

衢地，吾將固其結；

杜牧曰：結交諸侯，使之牢固。○梅堯臣曰：結諸侯使之堅固，勿令敵先。○王晳曰：固以德禮威信，且示以利害之計。○張預曰：財幣以利之，盟誓以要之，堅固不渝，則必爲我助。

重地，吾將繼其食；

曹操曰：掠彼也。○李筌曰：館穀於敵也。「繼」一作「掠」。○賈林曰：使糧相繼而不絶也。○杜佑曰：深入，當繼其糧餉。○梅堯臣曰：道既遐絶，不可歸國取糧，當掠彼以食軍。○張預曰：兵在重地，轉輸不通，不可乏糧，當掠彼以續食。

圮地，吾將進其塗；

曹操曰：疾過去也。○李筌曰：不可留也。○杜佑曰：疾行，無舍此地。○梅堯臣曰：無所依，當速過。○張預曰：遇圮毁之地，宜引兵速過。

圍地，吾將塞其闕；

曹操、李筌曰：以一士心也。○杜牧曰：《兵法》「圍師必闕」，示以生路，令無死志，因而擊之；今若我在圍地，敵開生路以誘我卒，我返自塞之，令士卒有必死之心。後魏末，齊神武起義兵於河北，爲尒朱兆、天光、度律、仲遠等四將會於鄴南，士馬精強，號二十萬，圍神武於南陵山。時神武馬二千，步軍不滿三萬。兆等設圍不合，神武連繫牛驢自塞之。於是將士死戰，四面奮擊，大破兆等四將也。○孟氏曰：意欲突圍，示以守固。○杜佑曰：塞其闕，不欲走之意。○梅堯臣曰：自塞其旁道，使士卒必死戰也。○王晳曰：懼人有走心。○張預曰：吾在敵圍，敵開生路，當自塞之，以一士心，齊神武繫牛馬以塞路，而士卒死戰是也。

死地，吾將示之以不活。

曹操、李筌曰：勵士心也。○杜牧曰：示之必死，令其自奮，以求生也。○賈林曰：禁財棄糧，堙井破竈，示必死也。○杜佑曰：勵士也。焚輜重，棄糧食，塞井夷竈，示無生意，必殊死戰也。○梅堯臣曰：必死可生，人盡力也。○王晳同梅堯臣註。○何氏同杜牧註。○張預曰：焚輜重，棄糧食，塞井夷竈，示以無活，勵之使死戰也。

故兵之情：圍則禦，

曹操曰：相持禦也。○李筌曰：敵圍，我則禦之。○杜牧曰：言兵在圍地，始乃人人有禦敵持勝之心，相禦持也。窮則同心守禦。○梅堯臣同杜牧註。○張預曰：在圍，則自然持禦。

不得已則鬭，

曹操曰：勢有不得已也。○李筌曰：有不得已則戰。○梅堯臣曰：勢無所往，必鬭。○王晳曰：脱死難者，唯鬭而已。○張預曰：勢不可已，須悉力而鬭。

過則從。

曹操曰：陷之甚過，則從計也。○李筌曰：過則審躡。又云：陷之於過，則謀從之。○孟氏曰：甚陷，則無所不從。○梅堯臣同孟氏註。○張預曰：深陷於危難之地，則無不從計，若班超在鄯善，欲與麾下數十人殺虜使，乃諄諭之，其士卒曰「今在危亡之地，死生從司馬」是也。

是故不知諸侯之謀者，不能預交；不知山林、險阻、沮澤之形者，不能行軍；不用鄉導者，不能得地利。

曹操曰：上已陳此三事，而復云者，力惡不能用兵，故復言之。○李筌曰：三事，軍之要也。○梅堯臣曰：已解《軍争篇》中，重陳此三者，蓋言敵之情狀、地之利害當預知焉。○王晳曰：再陳者，勤戒之也。○張預曰：知此三事，然後能審九地之利害，故再陳於此也。

四五者不知一，非霸王之兵也。

曹操曰：謂九地之利害。或曰：上四五事也。○張預曰：四五，謂九地之利害，有一不知，未能全勝。

夫霸王之兵，伐大國，則其衆不得聚；威加於敵，則其交不得合。

李筌曰：夫并兵震威，則諸侯自顧，不敢預交。○杜牧曰：權力有餘也，能分散敵也。○孟氏曰：以義制人，人誰敢拒？○陳皞曰：雖有霸王之勢，伐大國，則我衆不得聚，要在結交外援。若不如此，但以威加於敵，逞己之強，則必敗也。○梅堯臣曰：伐大國，能分其衆，則權力有餘也；權力有餘，則威加敵；威加敵，則旁國懼；旁國懼，則敵交不得合也。○王晳曰：能知敵謀，能得地利，又能形之，使其不相救，不相恃，則雖大國，豈能聚衆而拒我哉？威之所加者大，則敵交不得合。○張預曰：恃富強之勢，而亟伐大國，則己之民衆怨苦而不得聚也。甲兵之威倍勝於敵國，則諸侯懼而不敢與我合交也。或曰：侵伐大國，若大國一敗，則小國離而不聚矣。若晉楚爭鄭，晉勝，則鄭附晉；敗，則鄭叛也。小國既離，則敵國之權力分而弱矣。或我之兵威得以增勝於彼，是則諸侯豈敢與敵人交合乎？

是故不爭天下之交，不養天下之權，信音伸。己之私，威加於敵，故其城可拔，其國可隳。

曹操曰：霸者，不結成天下諸侯之權也。絶天下之交，奪天下之權，故己威得伸而自私。○李筌曰：能絶天下之交，惟得伸己之私志，威而無外交者。○杜牧曰：信，伸也。言不結鄰援，不蓄養機權之計，但逞兵威，加於敵國，貴伸己之私欲，若此者，則其城可拔，其國可隳。齊桓公問於管仲曰：「必先頓甲兵，修文德，正封疆而親四鄰，則可矣。」於是復魯、衛、燕所侵地，而以好成，四鄰大親，乃南伐楚，北伐山戎，東制令支，斬孤竹，西服流沙，兵車之會六，

乘車之會三，乃率諸侯而朝天子。吴夫差破越於會稽，敗齊於艾陵，闕溝於商魯，會晉於黄池，爭長而反，威加諸侯，諸侯不敢與爭。句踐伐之，乃師襲齊、楚，齊、楚不應，民疲兵頓，爲越所滅。越王句踐問戰於申包胥曰：「越國南則楚，西則晉，北則齊，春秋皮幣玉帛子女以賓服焉，未嘗敢絶，求以報吴，願以此戰。」包胥曰：「善哉，蔑以加焉！」遂伐吴，滅之。○賈林曰：諸侯既懼，不得附聚，不敢合從，我之智謀威力有餘，諸侯自歸，何用養交之也？○「不養」一作「不事」。○陳皞曰：智力既全，威權在我，但自養士卒，爲不可勝之謀，天下諸侯無權可事也。仁智義謀，己之私有，用以濟衆，故曰：伸私，威振天下，德光四海，恩沾品物，信及豚魚，百姓歸心，無思不服。故攻城必拔，伐國必隳也。○梅堯臣曰：敵既不得與諸侯合交，則我亦不爭其交，不養其權，用己力而已爾。威亦增勝於敵矣，故可拔其城，可隳其國。此謂霸王之兵也。○王晳曰：結交養權，則天下可從。申私損威，則國城不保。○張預曰：不爭交援，則勢孤而助寡。不養權力，則人離而國弱。伸一己之私忿，暴兵威於敵國，則終取敗亡也。或曰：敵國衆既不得聚，交又不得合，則我當絶其交，奪其權，得伸己所欲，而威倍於敵國，故人城可得而拔，人國可得而隳也。

施無法之賞，懸無政之令，

賈林曰：欲拔城、隳國之時，故懸法外之賞罰，行政外之威令，故不守常法、常政，故曰「無法」、「無政」。○梅堯臣曰：瞻功行賞，法不預設。臨敵作誓，政不先懸。○王晳曰：杜姦險也。曹公曰：「軍法令不預施懸之。《司馬法》曰：『見敵作誓，瞻功行賞。』此之謂也。」○張預曰：法不先施，政不預告，皆臨事立制，以勵士心。《司馬法》曰：「見敵作誓，瞻功行賞。」

犯三軍之衆，若使一人。

曹操曰：犯，用也。言明賞罰，雖用衆，若使一人也。○李筌曰：善用兵者，爲法作政而人不知，懸事無令而人從之，是以犯衆如一人也。○梅堯臣曰：犯，用也。賞罰嚴明，用多若用寡也。○張預曰：賞功不逾時，罰罪不遷列。賞罰之典既明且速，則用衆如寡也。

犯之以事，勿告以言。

梅堯臣曰：但用以戰，不告以謀。○王晳曰：情泄則謀乖。○張預曰：任用之於戰鬭，勿諭

之以權謀，人知謀則疑也，若裴行儉不告士卒以徙營之由是也。

犯之以利，勿告以害。

曹操曰：勿使知害。○李筌曰：犯，用也。卒知言與害，則生疑難。○梅堯臣曰：用令知利，不令知害。○王晳曰：慮疑懼也。○張預曰：人情見利則進，知害則避，故勿告以害也。

投之亡地然後存，陷之死地然後生。

曹操曰：必殊死戰。在亡地無敗者，孫臏曰：「兵恐不投之死地也。」○李筌曰：兵居死地，必決命而鬭以求生。○梅堯臣曰：地雖曰亡，力戰不亡。地雖曰死，死戰不死。故亡者存之基，死者生之本也。○何氏曰：如漢王遣將韓信擊趙，未至井陘口三十里，止舍，夜半傳發，選輕騎二千人，人持一赤幟，從間道萆山而觀趙軍，誡曰：「趙見我走，必空壁逐我，汝疾入趙壁，拔趙幟，立漢幟。」令其裨將傳餐曰：「今日破趙會食。」信乃使萬人先行，出，背水陳。趙軍遥見而大笑。平旦，信建大將軍之旗鼓，行出井陘口。趙開壁擊之，大戰良久。於是信走水上軍。趙空壁逐信，信已入水上軍。軍皆殊死戰，不可敗。

信所出奇兵二千騎，馳入趙壁，皆拔趙幟，立漢赤幟。趙軍攻信既不得，還壁見漢幟，大驚，遂亂，遁走。於是漢兵夾擊，大破虜趙軍，斬陳餘泜水上，擒趙王。諸將因問信曰：「兵法：右背山陵，前左水澤。今者將軍令臣等反背水陳，曰『破趙會食』，臣等不服，然竟以勝，此何術也？」信曰：「此在兵法，顧諸君不察耳。兵法不曰陷之死地而後生，置之亡地而後存乎？且信非得素拊循士大夫也，此所謂驅市人而戰，其勢非置之死地，使人人自爲戰，今與之生地，皆走，寧尚可得而用之乎？」諸將皆服曰：「非所及也。」梁將陳慶之守渦陽城，與後魏軍相持，自春至冬，數十百戰，師老氣衰。魏之援兵復欲築壘於軍後，諸將恐腹背受敵，議退師。慶之曰：「共來至此，涉歷一歲，糜費糧仗，其數極多，諸軍並無鬬心，皆謀退縮，豈是欲立功名，直聚爲鈔暴耳！吾聞置兵死地乃可求生，須虜大合，然後與戰，必捷。」諸將壯其計，從之。魏人掎角作十三城，慶之銜枚夜出，陷其四壘，所餘九城，兵甲猶盛，乃陳其俘馘，鼓噪而攻，遂大奔潰，斬獲略盡。後魏末，齊神武興義兵於河北，時尒朱兆等四將兵馬號二十萬，夾洹水而軍。時神武士馬不滿三萬，以衆寡不敵，遂於韓陵山爲圓陳，繫牛驢以塞道，於是將士皆死戰，四面奮擊，大破之。齊神武兵少，天光等兵十倍，圍而缺之，神武乃自塞其缺，士皆有必死之志，是以破敵也。高齊北豫州刺史司馬消難請降後周，周將楊忠與柱國達奚武援之，於是共率騎士五千人，各乘馬一匹，從間道馳入齊境五百里，前後遣三使報消難，而皆不反命。去豫州三十里，武疑有變，欲還。忠曰：「有進死，無退生！」獨以千騎夜趣城下，四面峭絶，徒聞擊柝之聲，武親來，麾數百騎以西。忠勒餘騎不動，候門開而入，乃馳遣召武。時齊鎮城將伏敬遠勒甲士二千人據東陴，舉烽嚴警。武憚之，不欲保城，乃多取財帛，以消難及其屬先歸。忠以三千騎爲殿，到洛南，皆解鞍而卧，齊衆來追，至於洛北。忠謂將士曰：「但飽食，今在死地，賊必不敢渡水以當吾鋒。」食畢，齊兵佯若渡水，忠馳將擊之。齊兵不敢逼，遂徐引而退。○張預曰：置之死亡之地，則人自爲戰，乃可存活也。項羽救趙，破釜焚廬，示以必死，諸侯從壁上觀，楚戰士無不一當十，遂虜秦將是也。

夫衆陷於害，然後能爲勝敗。

梅堯臣曰：未陷難地，則士卒心不專；既陷危難，然後勝敗在人爲之爾。○張預曰：士卒用

命，則勝敗之事在我所爲。

故爲兵之事，在於順詳敵之意，

曹操曰：佯，愚也。或曰：彼欲進，設伏而退。彼欲去，開而擊之。○李筌曰：敵欲攻，我以守待之。敵欲戰，我以奇待之。退伏利誘，皆順其所欲。○杜牧曰：夫順敵之意，蓋言我欲擊敵，未見其隙，則藏形閉跡，敵人之所爲，順之勿驚。假如強以陵我，我則示怯而伏，且順其強，以驕其意，候其懈怠而攻之。假如欲退而歸，則開圍使去，以順其退，使無鬭心，遂因而擊之。皆順敵之旨也。○陳皥曰：順敵之旨，不假多説，但強示之弱，進示之退，使敵心不戒，然後攻而破之必矣。○梅堯臣曰：佯怯、佯弱、佯亂、佯北，敵人輕來，我志乃得。○張預曰：彼欲進，則誘之令進；彼欲退，則緩之令退，奉順其旨，設奇伏以取之。或曰：敵有所欲，當順其意以驕之，留爲後圖。若東胡遣使謂冒頓曰：「欲得頭曼千里馬。」冒頓與之。復遣使來曰：「願得單于一閼氏。」冒頓又與之。及其驕怠而擊之，遂滅東胡是也。

并敵一向，千里殺將。

曹操曰：并兵向敵，雖千里能擒其將也。○杜牧曰：上文言爲兵之事，在順敵人之意，此乃未見敵人之隙耳。若已見其隙，有可攻之勢，則須并兵專力以向敵人，雖千里之遠，亦可以殺其將也。○賈林曰：能以利誘敵人，使一向趨之，則我雖遠千里，亦可擒殺其將。○梅堯臣曰：隨敵一向，然後發伏出奇，則能遠擒其將。○王晳曰：順敵意，隨敵形，及其空虛不虞，并兵一力以向之，乘勢可千里而覆軍殺將也。○張預曰：敵既驕惰，則并兵力以向之，可以覆其軍，殺其將，則明如冒頓滅東胡之事是也。

此謂巧能成事者也。

曹操曰：是成事巧者也。○一作「是謂巧攻成事」。○梅堯臣曰：能順敵而取勝，機巧者也。○何氏曰：能如此者，是巧攻之成事也。○張預曰：始順其意，後殺其將，成事之巧也。

是故政舉之日，夷關折符，無通其使，

曹操曰：謀定，則閉關以絶其符信，勿通其使。○李筌曰：政令既行，閉關折符，無得有所沮議，恐惑衆士心也。○杜牧曰：其所不通，豈敵人之使乎？若敵人之使不受，則何必夷關折

符，然後爲不通乎？答曰：夷關折符者，不令國人出入，蓋恐敵人有間使潛來，或藏形隱跡，由危歷險，或竊符盜信，假託姓名，而來窺我也。無通其使者，敵人若有使來聘，亦不可受之，恐有智能之士，如張孟談、婁敬之屬，見其微而知著，測我虚實也。此乃兵形未成，恐敵人先事以制我也；兵形已成，出境之後，則使在其間，古之道也。○梅堯臣曰：夷，滅也。折，斷也。舉政之日，滅塞關梁，斷毁符節，使不通也。使不通者，恐泄我事也。○張預曰：廟筭已定，軍謀已成，則夷塞關梁，毁折符信，勿通使命，恐泄我事也。彼有使來，則當納之，故下文云「敵人開闔，必亟入之」。

厲於廊廟之上，以誅其事，

曹操曰：誅，治也。○杜牧曰：厲，揣厲也。言廊廟之上，誅治其事。成敗先定，然後興師。一本作「以謀其事」。○梅堯臣曰：嚴整於廊廟之上，以計其事，言其密也。○何氏曰：磨厲廟勝之策，以責成其事。○張預曰：兵者大事，不可輕議，當惕厲於廟堂之上，密治其事，貴謀不外泄也。

敵人開闔，必亟入之，

曹操曰：敵有間隙，當急入之也。○李筌曰：敵開闔未定，必急來也。○孟氏曰：開闔，間者也。有間來，則疾内之。○梅堯臣同孟氏註。○張預曰：開闔，間謂使也。敵有間來，當急受之。或曰：謂敵人或開或闔，出入無常，進退未決，則宜速乘之。

先其所愛，

曹操曰：據利便也。○李筌曰：先攻其積聚及妻子，利不擇其用也。○杜牧曰：凡是敵人所愛惜倚恃以爲軍者，則先奪之也。○梅堯臣曰：先察其便利愛惜之所也。○何氏同杜牧註。

微與之期，

曹操曰：後人發，先人至。○杜牧曰：微者，潛也，言以敵人所愛利便之處爲期，將欲謀奪之，故潛往赴期，不令敵人知也。○陳皥曰：我若先奪便地，而敵不至，雖有其利，亦奚用之？是以欲取其愛惜之處，必先微與敵人相期，誤之使必至。○梅堯臣曰：微露之期，使間

歸告，然後我後人發、先人至也。後發者，欲其必赴也。先至者，奪其所愛也。○王晳曰：權譎也。微者所以示密。曹公曰：「先敵至也。」○張預曰：兵所愛者，便利之地。我欲先據，當微露其意，與之相期，敵方趨之，我乃後發而先至也。所以使敵先趨者，恐我至而敵不來也。故曰：「爭地，吾將趨其後。」

踐墨隨敵，以決戰事。

曹操曰：行踐規矩無常也。○李筌曰：墨者，出道也。出遲道而從之，恐不及。○杜牧曰：墨，規矩也。言我常須踐履規矩，深守法制，隨敵人之形，若有可乘之勢，則出而決戰也。○陳皞曰：兵雖要在迅速，以決戰事，然自始及末，須守法制，縱獲勝捷，亦不可爭競擾亂也。城濮之戰，晉文公登有莘之墟以望其師曰：「少長有禮，其可用也。」○「踐墨」一作「剗墨」。○賈林曰：剗，除也。墨，繩墨也。隨敵計以決戰事，惟勝是利，不可守以繩墨而爲。○梅堯臣曰：舉動必踐法度，而隨敵屈伸，因利以決戰也。○王晳曰：踐兵法如繩墨，然後可以順敵決勝。○張預曰：循守法度，踐履規矩，隨敵變化，形勢無常，乃可以決戰取勝。墨，繩墨也。婦人左右、前後、跪起皆中規矩繩墨是也。

是故始如處女，敵人開户；後如脱兔，敵不及拒。

曹操、李筌曰：處女示弱，脱兔往疾也。○杜牧曰：言敵人初時謂我無所能爲，如處女之弱，我因急去攻之，險迅疾速，如兔之脱走，不可捍拒也。或曰：我避敵走如脱兔。曰：非也。○梅堯臣曰：始若處女，踐規矩之謂也。後若脱兔，應敵決戰之速也。○王晳曰：處女，隨敵也。開户，不虞也。脱兔，疾也。若田單守即墨而破燕軍是也。○張預曰：守則如處女之弱，令敵懈怠，是以啓隙。攻則猶脱兔之疾，乘敵倉卒，是以莫禦。太史公謂田單守即墨攻騎劫，正如此語，不其然乎？

火攻篇

曹操曰：以火攻人，當擇時日也。○王晳曰：助兵取勝，戒虛發也。○張預曰：以火攻敵，當使姦細潛行，地里之遠近，途徑之險易，先熟知之，乃可往，故次《九地》。

孫子曰：凡火攻有五：一曰火人，

李筌曰：焚其營，殺其士卒也。○杜牧曰：焚其營栅，因燒兵士。吴起曰：「凡軍居荒澤，草木幽穢，可焚而滅。」蜀先主伐吴，吴將陸遜拒之於夷陵。先攻一營，不利，諸將曰：「空殺兵耳。」遜曰：「吾已曉破敵之術矣。」乃勑各持一把茅，以火攻拔之。一爾勢成，通率諸軍，同時俱攻。斬張南、馮習及胡王沙摩柯等，破四十餘營，死者萬數。備因夜遁，軍資器械略盡，遂歐血而殂。○梅堯臣曰：焚營栅荒穢，以助攻戰也。○何氏曰：魯桓公世，焚邾婁之咸丘，始以火攻也。後世兵家者流，故有五火之攻，以佐取勝之道也。如後漢班超使西域，到鄯善，初夜，將吏士奔虜營，會天大風，超令十人持鼓藏虜舍後，約曰：「見火燃，皆當鳴鼓大呼。」餘人悉持兵弩，夾門而伏。超順風縱火，前後鼓譟，虜衆驚亂。超手格殺三人，餘衆悉燒死。又，皇甫嵩率兵討黄巾賊張角，嵩保長社。賊來圍城，嵩兵少，軍中皆恐。召軍吏謂曰：「兵有奇變，不在衆寡。今賊依草結營，易爲風火，若因夜縱火，必大驚亂，吾出兵擊之，其功可成。」其夕，遂大風。嵩乃約勒軍士，皆束苣乘城，使鋭士閒出圍外，縱火大呼，城上舉燎應之。嵩因鼓而奔其陳，賊驚亂奔走，大破之。又，五代梁太祖乾寧中，親領大軍，由鄆州東路北次於魚山。朱宣瑾覘知，即以兵徑至，且圖速戰。帝整軍出砦。時宣瑾已陳於前。須臾，東南風大起，帝軍旌旗失次，甚有懼色。帝即令騎士揚鞭呼嘯。俄而西北風驟發。時兩軍皆在草莽中，帝因令縱火。既而煙燄亘天，乘勢以攻賊陳。宣瑾大破，餘衆擁入清河。因築京觀於魚山之下。又，後唐伐蜀，工部任圜以大軍至漢州，康延孝來逆戰。圜命董璋以東川懦卒當其鋒，伏精兵於其後。延孝擊退東川之軍，急追之，遇伏兵。延孝敗，馳入漢州，閉壁不出。西川孟知祥以兵二萬，與圜合勢攻之。漢州四面樹竹木爲栅。三月，圜陳于金鴈橋，即率諸軍鼓譟而進，四面縱火，風燄亘空。延孝危急，引騎出陳于金鴈橋，又大敗之。○張預曰：焚彼營舍，以殺其士，火攻之先也，班超燒匈奴使者是也。

二曰火積，

李筌曰：焚積聚也。○杜牧曰：積者，積蓄也，糧食薪蒭是也。高祖與項羽相持成皋，爲羽所敗，北渡河，得張耳、韓信軍，軍脩武，深溝高壘。使劉賈將二萬人，騎數百渡白馬津，入楚地，燒其積聚，以破其業。楚軍乏食。隋文帝時，高熲獻取陳之策曰：「江南土薄，舍多茅

竹，所有儲積，皆非地窖。可密遣行人，因風縱火，待彼修葺，復更燒之，不出數年，自可財力俱盡。」帝行其策，由是陳人益弊。〇梅堯臣曰：焚其委積，以困芻糧。〇張預曰：焚其積聚，使芻糧不足，故曰：「軍無委積則亡。」劉賈燒楚積聚是也。

三曰火輜，四曰火庫，

李筌曰：燒其輜重，焚其庫室。〇杜牧曰：器械、財貨及軍士衣裝，在車中上道未止曰輜，在城營壘已有止舍曰庫，其所藏二者皆同。後漢末，袁紹相許攸降曹公曰：「今袁氏輜重有萬餘兩車，屯軍不嚴，今以輕兵襲之，不意而至，焚其積聚，不過三日，袁氏自敗。」公大喜，選精騎五千，皆用袁氏旗幟，銜枚縛馬口，從閒道出入，抱束薪，所歷道有問者，語之曰：「袁公恐曹操抄略後軍，遣兵以益備。」聞者信以爲然，皆自若。既至圍屯，大放火，營中驚亂，因大破之，輜重悉焚之矣。〇陳皞曰：夫敵有愛惜之物，亦可以攻之，彼若出救，是我以火分其勢也。更遇其心神撓惑，自可破軍殺將也。〇梅堯臣曰：焚其輜重，以窘貨財。焚其庫室，以空蓄聚。〇何氏曰：如前秦符堅遣將王猛伐前燕慕容暐，師至潞川，燕將慕容評率兵四十萬禦之，以持久制之。猛遣將郭慶率步騎五千，夜從閒道起火於晉山，燒評輜重，火見鄴中，因而滅之。〇張預曰：焚其輜重，使器用不供，故曰：「軍無輜重則亡。」曹操燒袁紹輜重是也。焚其府庫，使財貨不充，故曰：「軍無財，則士不來。」

五曰火隊。

李筌曰：焚其隊仗兵器。〇杜牧曰：焚其行伍，因亂而擊之。〇梅堯臣曰：焚其隊仗，以奪兵具。「隊」一作「隧」。〇賈林曰：隧，道也。燒絶糧道及轉運也。〇何氏同賈林註。〇張預曰：焚其隊仗，使兵無戰具，故曰「器械不利，則難以應敵」也。

行火必有因，

曹操曰：因姦人。〇李筌曰：因姦人而內應也。〇陳皞曰：須得其便，不獨姦人。〇賈林曰：因風燥而焚之。〇張預曰：凡火攻，皆因天時燥旱，營舍茅竹，積芻聚糧，居近草莽，因風而焚之。

煙火必素具。

曹操曰：煙火，燒具也。〇李筌曰：乾芻、蒿艾、糧糞之屬。〇杜牧曰：艾、蒿、荻葦、薪芻、膏、油之屬，先須修事以備用。兵法有火箭、火簾、火杏、火兵、火獸、火禽、火盜、火弩，凡此者皆可用也。〇梅堯臣曰：潛姦伺隙，必有便也。秉杆持燧，必先備也。《傳》曰：「惟事事有備，乃無患也。」〇張預曰：貯火之器、燃火之物，常須預備，伺便而發。

發火有時，起火有日。

梅堯臣曰：不妄發也。〇張預曰：不可偶然，當伺時日。

時者，天之燥也。

曹操曰：燥者，旱也。〇梅堯臣曰：旱熯易燎。〇張預曰：天時旱燥，則火易燃。

日者，月在箕、壁、翼、軫也。凡此四宿者，風起之日也。

李筌曰：《天文志》：「月宿此者多風。」《玉經》云：「常以月加日，從營室順數十五至翼，月在宿於此也。」〇杜牧曰：宿者，月之所宿也。四宿者，風之使也。〇梅堯臣曰：箕，龍尾也。壁，東壁也。翼、軫，鶉尾也。宿在者，謂月之所次也。四宿好風，月離必起。〇張預

曰：四星好風，月宿則起。當推步躔次，知所宿之日，則行火。一說：春丙、丁，夏戊、己，秋壬、癸，冬甲、乙，此日有疾風猛雨。又古風法：取雞羽，重八兩，掛於五丈竿上，以候風所從來。四宿，即箕、壁、翼、軫也。〇

凡火攻，必因五火之變而應之。

梅堯臣曰：因火為變，以兵應之。〇張預曰：因其火變，以兵應之。五火，即人、積、輜、車、隊也。

火發於內，則早應之於外。

曹操曰：以兵應之也。〇李筌曰：乘火勢而應之也。〇杜牧曰：凡火，乃使敵人驚亂，因而擊之，非謂空以火敗敵人也。聞火初作即攻之，若火闌衆定而攻之，當無益，故曰早也。〇杜佑曰：使間人縱火於敵營內，當速進以攻其外也。〇梅堯臣曰：內若驚亂，外以兵擊。〇張預曰：火纔發於內，則兵急擊於外，表裏齊攻，敵易驚亂。

火發兵靜者，待而勿攻。

杜牧曰：火作不驚，敵素有備，不可遽攻，須待其變者也。○梅堯臣曰：不驚撓者，必有備也。○王皙曰：以不變也。○何氏曰：火作而敵不驚呼者，有備也。我往攻，則反或受害。○張預曰：火雖發而兵不亂者，敵有備也，復防其變，故不可攻。

極其火力，可從而從之，不可從而止。

曹操曰：見可而進，知難而退。○李筌曰：夫火發兵不亂，不可攻。○杜牧曰：俟火盡已來，若敵人擾亂，則攻之；若敵終静不擾，則收兵而退也。○杜佑曰：見利則進，知難則退。極，盡也。盡火力，可則應，不可則止，無使敵知其所爲。○梅堯臣曰：極其火勢，待其變則攻，不變則勿攻。○王皙曰：伺其變亂，則乘之。終不變亂，則自治而蓄力。○何氏曰：如魏滿寵征吴，敕諸將曰：「今夕風甚猛，賊必來燒我營，宜爲之備。」諸軍皆警。夜半，果來燒營，寵掩擊，破之者是也。○張預曰：盡其火勢，變亂則攻，安静則退。

火可發於外，無待於内，以時發之。

李筌曰：魏武破袁紹於官渡，用許攸計，燒輜重萬餘，則其義也。○杜牧曰：上文云五火變須發於内，若敵居荒澤草穢，或營柵可焚之地，即須及時發火，不必更待内發作然後應之，恐敵人自燒野草，我起火無益。漢時李陵征匈奴，戰敗，爲單于所逐，及於大澤，匈奴於上風縱火，陵亦先放火燒斷蒹葭，用絶火勢。○陳皞曰：以時發之，所謂天之燥，日之宿在四星也。○賈林曰：火可發於外，不必待内應，得時即應發，不可拘於常勢也。○梅堯臣同杜牧註。○張預曰：火亦可發於外，不必須待作於内，但有便則應時而發。黄巾賊張角圍漢將皇甫嵩於長社，賊依草結營，嵩使鋭士間出圍外，縱火大呼，城上舉燎應之，嵩因鼓而奔其陳，賊驚亂，遂敗走。

火發上風，無攻下風。

曹操曰：不便也。○李筌曰：隋江東賊劉元進攻王世充於延陵，令把草東方，因風縱火，俄而迴風，悉燒元進營，軍人多死者。○杜牧曰：若是東，則焚敵之東，我亦隨以攻其東。若火發東面，攻其西，則與敵人同受也。故無攻下風，則順風也。若舉東，可知其他也。○梅堯臣曰：逆火勢，非便也，敵必死戰。○王皙曰：或擊其左右可也。○張預曰：燒之必退，退而逆，擊之必死戰，故不便也。

晝風久，夜風止。

曹操曰：數當然也。○李筌曰：不終始也。○杜牧曰：老子曰：「飄風不終朝。」○梅堯臣曰：凡晝風必夜止，夜風必晝止，數當然也。○王晳同梅堯臣注。○張預曰：晝起則夜息，數當然也。故老子曰：「飄風不終朝。」

凡軍必知有五火之變，以數守之。

杜牧曰：須算星躔之數，守風起日，乃可發火，不可偶然而爲之。○杜佑曰：既知起五火變，當復以數消息其可否。○梅堯臣曰：數星之躔，以候風起之日，然而發火，亦當自防其變。○張預曰：不可止知以火攻人，亦當防人攻己。推四星之度數，知風起之日，則嚴備守之。

故以火佐攻者明，

梅堯臣曰：明白易勝。○張預曰：用火助攻，灼然可以取勝。

以水佐攻者強。

杜佑曰：水以爲衝，故強。○梅堯臣曰：勢之強也。○張預曰：水能分敵之軍，彼勢分，則我勢強。

水可以絕，不可以奪。

曹操曰：火佐者，取勝明也。水佐者，但可以絕敵道，分敵軍，不可以奪敵蓄積。○李筌曰：軍者必守術數，而佐之水火，所以明強也。光武之敗王莽，魏武之擒吕布，皆其義也。以水絕敵人之軍，分爲二則可，難以奪敵人之蓄積。○杜牧曰：水可絕敵糧道，絕敵救援，絕敵奔逸，絕敵衝擊，不可以水奪險要蓄積也。○王晳曰：強者，取其決注之暴。○張預曰：水止能隔絕敵軍，使前後不相及，取其一時之勝，然不若火能焚奪敵之積聚，使之滅亡。若韓信決水斬楚將龍且，是一時之勝也。曹公焚袁紹輜重，紹因以敗，是使之滅亡也。水不若火，故詳於火而略於水。

夫戰勝攻取，而不修其功者，凶，命曰「費留」。

曹操曰：若水之留，不復還也。或曰：賞不以時，但費留也，賞善不踰日也。○李筌曰：賞不踰日，罰不踰時。若功立而不賞，有罪而不罰，則士卒疑惑，日有費也。○杜牧曰：修者，舉也。夫戰勝攻取，若不藉有功舉而賞之，則三軍之士必不用命也；則有凶咎，徒留滯費耗，終不成事也。○賈林曰：費留，惜費也。○梅堯臣曰：欲戰必勝、攻必取者，在因利乘便，能作爲功也。作爲功者，修火攻、水攻之類，不可坐守其利也。坐守其利者，凶也，是謂費留矣。○王晳曰：戰勝攻取，而不修功賞之差，則人不勸；不勸，則費財老師，凶害也已。○張預曰：戰攻所以能必勝必取者，水火之助也。水火所以能破軍敗敵者，士卒之用命也。不修舉有功而賞之，凶咎之道也。財竭師老而不得歸，費留之謂也。

故曰：明主慮之，良將修之，

杜牧曰：黄石公曰：「夫霸者，制士以權，結士以信，使士以賞，信衰則士疏，賞虧則士不爲用。」○賈林曰：明主慮其事，良將修其功。○梅堯臣曰：始則君發其慮，終則將修其功。

○張預曰：君當謀慮攻戰之事，將當修舉剋捷之功。

非利不動，

李筌曰：明主賢將，非見利不起兵。○杜牧曰：先見起兵之利，然後兵起。○梅堯臣曰：凡兵非利於民，不興也。一作「非利不起」也。

非得不用，

杜牧曰：先見敵人可得，然後用兵。○賈林曰：非得其利，不用也。

非危不戰。

曹操曰：不得已而用兵。○李筌曰：非至危不戰。○梅堯臣曰：凡用兵，非危急不戰也，所以重凶器也。○張預曰：兵，凶器。戰，危事。須防禍敗，不可輕舉，不得已而後用。

主不可以怒而興師，

王晳曰：不可但以怒也，若息侯伐鄭。○張預曰：因怒興師，不亡者鮮。若息侯與鄭伯有違言而伐鄭，君子是以知息之將亡。

將不可以慍而致戰；

王晳曰：不可但以愠也，若晉趙穿。〇張預曰：因忿而戰，罕有不敗，若姚襄怒苻黄眉壓壘而陳，因出戰，爲黄眉所敗是也。怒大於愠，故以主言之。愠小於怒，故以將言之。君則可以興兵，將則止可言戰。

合於利而動，不合於利而止。

曹操曰：不得以己之喜怒而用兵也。〇賈林曰：愠怒内作，不顧安危，固不可也。〇杜佑曰：人主聚衆興軍，以道理勝負之計，不可以己之私怒。將舉兵，則以策，不可以愠恚之故而合戰也。〇梅堯臣曰：兵以義動，無以怒興。戰以利勝，無以愠敗。〇張預曰：不可因己之喜怒而用兵，當顧利害所在。尉繚子曰：「兵起非可以忿也。見勝則興，不見勝則止。」

怒可以復喜，愠可以復悦，

張預曰：見於色者，謂之喜。得於心者，謂之悦。

亡國不可以復存，死者不可以復生。

杜牧曰：亡國者，非能亡人之國也，言不度德，不量力，因怒興師，因愠合戰，則其兵自死、其國自亡者也。〇杜佑曰：凡主怒興軍伐人，無素謀明計，則破亡矣。將愠怒而鬭，倉卒而合戰，所傷殺必多。怒愠復可以説喜，言亡國不可復存、死者不可復生者，言當慎之。〇梅堯臣曰：一時之怒，可返而喜也。一時之愠，可返而説也。國亡軍死，不可復已。〇王晳曰：喜怒無常，則威信去矣。〇張預曰：君因怒而興兵，則國必亡。將因愠而輕戰，則士必死。

故明君慎之，良將警之，此安國全軍之道也。

杜牧曰：警言戒之也。〇梅堯臣曰：主當慎重，將當警懼。〇張預曰：君常慎於用兵，則可以安國。將常戒於輕戰，則可以全軍。

用閒篇

曹操、李筌曰：戰者必用閒諜，以知敵之情實也。〇張預曰：欲素知敵情者，非閒不可也。然用閒之道尤須微密，故次《火攻》也。

孫子曰：凡興師十萬，出征千里，百姓之費，公家之奉，日費千金；内外騷動，怠於道路，不得操事者七十萬家。

曹操曰：古者八家爲鄰，一家從軍，七家奉之。言十萬之師舉，不事耕稼者七十萬家。○李筌曰：古者發一家之兵，則鄰里三族共資之，是以不得耕作者七十萬家，而資十萬之衆矣。○杜牧曰：古者一夫田一頃。夫九頃之地，中心一頃，鑿井樹廬，八家居之，是爲井田。怠，疲也。言七十萬家奉十萬之師，轉輸疲於道路也。○梅堯臣曰：輸糧供用，公私煩役，疲於道路，廢於耒耜也。曹説是也。○張預曰：井田之法：八家爲鄰，一家從軍，七家奉之。興兵十萬，則輟耕作者七十萬家也。或問曰：重地則掠，疲於道路而轉輸何也？曰：非止運糧，亦供器用也。且兵貴掠敵者，謂深踐敵境，則當備其乏，故須掠以繼食，非專館穀於敵也。亦有磧鹵之地，無糧可因，得不餉乎？

相守數年，以争一日之勝，而愛爵禄百金，不知敵之情者，不仁之至也，

李筌曰：惜爵賞，不與間諜，令窺敵之動静，是爲不仁之至也。○杜牧曰：言不能以厚利使間也。○梅堯臣曰：相守數年，則七十萬家所費多矣，而乃惜爵禄百金之微，不以遺間釣情取勝，是不仁之極也。○王晳曰：悋財賞，不用間也。○張預曰：相持且久，七十萬家財力一困，不知恤此，而反靳惜爵賞之細，不以啗間求索知敵情者，不仁之甚也。

非人之將也，

梅堯臣曰：非將人成功者也。

非主之佐也，

一本作「非仁之佐」也。○梅堯臣曰：非以仁佐國者也。

非勝之主也。

梅堯臣曰：非致勝主利者也。○張預曰：不可以將人，不可以佐主，不可以主勝。勤勤而言者，嘆惜之也。

故明君賢將，所以動而勝人，成功出於衆者，先知也。

李筌曰：爲間也。○杜牧曰：知敵情也。○梅堯臣曰：主不妄動，動必勝人。將不苟功，功必出衆。所以者何也？在預知敵情也。○王晳曰：先知敵情，制勝如神也。○何氏曰：《周官》「士師掌邦諜」，蓋異國間伺之謂也。故兵家之有四機，二權，曰事機，曰智權，皆善用

閒諜者也。故能敵人動靜，我預知矣。韋孝寬爲驃騎大將軍，鎮玉壁。孝寬善於撫御，能得人心，所遣閒諜入齊者，皆爲盡力，亦有齊人得孝寬金貨，遥通書疏，故齊之動靜，朝廷皆先知之。時有主帥許盆，孝寬委以心膂，令守一戍。盆乃以城東入。孝寬怒，遣諜取之。俄而斬首而還。其能致物情如此。又，李達爲都督義州、弘農等二十一防諸軍事，每厚撫境外之人，使爲閒諜，敵中動靜，必先知之，至有事泄被誅戮者，亦不以爲悔，其得人心也如此。○張預曰：先知敵情，故動則勝人，功業卓然，超絶群衆。

先知者，不可取於鬼神，

張預曰：視之不見，聽之不聞，不可以禱祀而取。

不可象於事，

曹操曰：不可以禱祀而求，亦不可以事類而求也。○李筌曰：不可取於鬼神象類，唯閒者能知敵之情。○杜牧曰：象者，類也。言不可以他事比類而求。○梅堯臣曰：不可以卜筮知也，不可以象類求也。○張預曰：不可以事之相類者，擬象而求。

不可驗於度，

曹操曰：不可以事數度也。○李筌曰：度，數也。夫長短、闊狹、遠近、小大，即可驗之於度數，人之情僞，度不能知也。○梅堯臣曰：不可以度數驗也，言先知之難也。○張預曰：不可以度數推驗而知。

必取於人，知敵之情者也。

曹操曰：因人也。○李筌曰：因閒人也。○梅堯臣曰：鬼神之情，可以卜筮知。形氣之物，可以象類求。天地之理，可以度數驗。唯敵之情，必由閒者而後知也。○張預曰：鬼神、象類、度數皆不可以求，先知必因人而後知敵情也。

故用閒有五：有因閒，有内閒，有反閒，有死閒，有生閒。

梅堯臣曰：五閒之名也。○張預曰：此五閒之名。「因閒」當爲「鄉閒」，故下文云「鄉閒可得而使」。

五閒俱起，莫知其道，是謂神紀，人君之寶也。

曹操曰：同時任用五閒也。○李筌曰：五閒者，因五人用之。○杜牧曰：五閒俱起者，敵人不知其情泄形露之道，乃神鬼之綱紀，人君之重寶也。○梅堯臣曰：五閒俱起以閒敵，而莫知我用之之道，是曰神妙之綱紀、人君之所貴也。○王晳曰：五閒俱起，人不之測，是用兵神妙之大紀，人主之重寶也。○賈林曰：紀，理也。言敵人但莫知我以何道，如通神理也。○張預曰：五閒循環而用，人莫能測其理，茲乃神妙之綱紀、人君之重寶也。

因閒者，因其鄉人而用之。

杜牧曰：因敵鄉國之人而厚撫之，使爲閒也。晉豫州刺史祖逖之鎮雍丘，愛人下士，雖疎交賤隸，皆恩禮而遇之。河上堡固先有任子在胡者，皆聽兩屬，時遣游軍僞抄之，明其未附。諸塢主感戴，胡有異圖，輒密以聞，前後剋獲，蓋由於此。西魏韋孝寬使齊人斬許盆而來，猶其義也。○賈林曰：讀「因閒」爲「鄉閒」。○杜佑曰：因敵鄉人知敵表裏虚實之情，故就而用之，可使伺候也。○梅堯臣曰：因其國人，利而使之。○何氏曰：如春秋時楚師伐宋，九月不服，將去宋，楚大夫申叔時曰：「築室反耕者，宋必聽命。」楚子從之。宋人懼，使華元夜入楚師，登子反之牀，起之，曰：「寡君使元以病告，曰：弊邑易子而食，析骸而爨，雖然，城下之盟有以國斃，不能從也。去我三十里，唯命是聽。」子反懼，與之盟，而告楚子，退三十里，宋及楚平。○張預曰：因敵國人知其底裏，就而用之，可使伺候也。韋孝寬以金帛啗齊人，而齊人遥通書疏是也。

内閒者，因其官人而用之。

李筌曰：因敵人失職之官，魏用許攸也。○杜牧曰：敵之官人，有賢而失職者，有過而被刑者，亦有寵嬖而貪財者，有屈在下位者，有不得任使者，有欲因敗喪以求展己之材能者，有飜覆變詐、常持兩端之心者，如此之官，皆可以潛通問遺，厚貺金帛而結之，因求其國中之情，察其謀我之事，復閒其君臣，使不和同也。○杜佑曰：因在其官失職者，若刑戮之子孫與受罰之家也，因其有隙，就而用之。○梅堯臣曰：因其官屬，結而用之。○何氏曰：如益州牧羅尚遣將隗伯攻蜀賊李雄於郫城，互有勝負。雄乃募武都人朴泰，鞭之見血，使譎羅尚，欲爲内應，以火爲期。尚信之，悉出精兵，遣隗伯等率兵從泰擊雄。雄將李驤於道設伏，泰以長梯倚

城而舉火。伯軍見火起，而争緣梯，泰又以繩汲上尚軍百餘人，皆斬之。雄因放兵，内外擊之，大破尚軍。此用内間之勢也。又，隋陰壽爲幽州總管，高寶寧舉兵反，壽討之。寶寧奔於磧北。壽班師，留開府成道昂鎮之。寶寧遣其子僧伽率輕騎掠城下而去，尋引契丹靺鞨之衆來攻。道昂苦戰連月，乃退。壽患之，於是重購寶寧，又遣人陰間其所親任者趙世模、王威等。月餘，世模率其衆降。寶寧復走契丹，爲其麾下趙修羅所殺，北邊遂安。又，唐太宗討竇建德，入武牢，進薄其營，多所傷殺。凌敬進説曰：「宜悉兵濟河，攻取懷州河陽，使重將居守，更率衆鳴鼓建旗，踰太行，入上黨，先聲後實，傳檄而定，漸趨壺口，稍駭蒲津，收河東之地，此策之上也。行必有三利：一則入無人之境，師有萬全；二則拓土得兵；三則鄭圍自解。」建德將從之，王世充之使長孫安世陰齎金玉啗其諸將，以亂其謀。衆咸進諫曰：「凌敬書生耳，豈可與言戰乎？」建德從之，退而謝敬曰：「今衆心甚鋭，此天贊我矣！因此决戰，必然大捷，已依衆議，不得從公言也。」敬固争，建德怒，扶出焉。於是悉衆進逼武牢。太宗按甲，挫其鋭。建德中槍，竄於牛口渚，車騎將軍白士讓、楊武威生獲之。又，王翦爲秦將，攻

趙，趙使李牧、司馬尚禦之。李牧數破走秦軍，殺秦將桓齮。翦惡之，乃多與趙王寵臣郭開等金，使爲反間，曰：「李牧、司馬尚欲與秦反趙，以多取封於秦。」趙王疑之，使趙葱及顔聚代將，斬李牧，廢司馬尚。後三月，翦因急擊趙，大破，殺趙葱，虜趙王遷及其將顔聚也。○張預曰：因其失意之官，或刑戮之子弟，凡有隙者，厚利使之。晉任析公，吴納子胥，皆近之。

反間者，因其敵間而用之。

李筌曰：敵有（閒）〔間〕來窺我得失，我厚賂之，而令反爲我間也。○杜牧曰：敵有間來窺我，我必先知之，或厚賂誘之，反爲我用，或佯爲不覺，示以僞情而縱之，則敵人之間反爲我用也。陳平初爲漢王護軍尉，項羽圍於滎陽城，漢王患之，請割滎陽以西和，項王弗聽。平曰：「顧楚有可亂者，彼項王骨鯁之臣亞父、鍾離昧、龍且、周殷之屬，不過數人耳。大王能出捐數萬斤金，行反間間其君臣，以疑其心，項王爲人意忌信讒，必内相誅，漢因舉兵而攻之，破楚必矣。」漢王以爲然，乃出黄金四萬斤與平，恣所爲，不問出入。平既多以金縱反間於楚軍，宣言：諸將鍾離昧等爲項王將，功多矣，然終不得列地而王，欲與漢爲一，以滅項氏，分王其地。

項王果疑之，使使至漢。漢爲太牢之具，舉進，見楚使，即陽驚曰：「吾以爲亞父使，乃項王使也！」復持去，以惡草具進楚使。使歸，具以報項王，果大疑亞父。亞父欲急擊下滎陽城，項王不信，不肯聽亞父。亞父聞項王疑之，乃大怒，疽發而死。卒用陳平之計滅楚也。○梅堯臣曰：或以僞事紿之，或以厚利啗之。○王皙曰：反間，反爲我間也。或留之使言其情，又或示以詭形而遣之。○何氏曰：如燕昭王以樂毅爲將，破齊七十餘城，及惠王立，與樂毅有隙，齊將田單乃縱反間於燕，宣言曰：「齊王已死，城之不拔者二耳。樂毅畏誅而不敢歸，以伐齊爲名，實欲連兵南面而王齊，齊人未附，故且緩即墨以待其事。齊人所懼，唯恐他將之來，即墨殘矣。」燕王以爲然，使騎劫代樂毅。燕人士卒離心。單又縱反間曰：「吾懼燕人掘吾城外冢墓，戮辱先人。」燕軍從之。即墨人激怒，請戰，大破燕師，所亡七十餘城，悉復之。又，秦師圍趙閼與，趙將趙奢救之，去趙國都三十里不進。秦間來，奢善食遣之。間以報秦將，以爲奢師怯弱而止不行。奢隨而卷甲趨秦師，擊破之。又，范雎爲秦昭王相，使左庶長王齕攻韓，取上黨。上黨民走趙。趙軍長平。齕因攻趙，趙使廉頗將。廉頗堅壁以待秦。秦數挑戰，趙兵不出。趙王數以爲讓。而睢使人行千金於趙，爲反間曰：「秦之所惡，獨畏趙括耳，廉頗軍易與，且降矣。」趙王既怒廉頗軍多亡失數敗，又反堅壁不戰，又聞秦反間之言，因使括代頗。秦聞括將，以白起爲上將軍，射殺括及坑降卒四十萬。○張預曰：敵有間來，或重賂厚禮以結之，告以僞辭，或佯爲不知，踈而慢之，示以虛事，使之歸報，則反爲我利也。趙奢善食秦間，漢軍佯驚楚使是也。

死間者，爲誑事於外，令吾間知之，而傳於敵間也。

李筌曰：情詐僞，不足信，吾知之，令吾動此間而待之。此筌以「待」字爲非「傳」也。○杜牧曰：誑者，詐也。言吾間在敵，未知事情，我則詐立事跡，令吾間憑其詐迹，以輸誠於敵，而得敵信也。若我進取，與詐跡不同，間者不能脱，則爲敵所殺，故曰死間也。漢王使酈生説齊，下之，齊罷守備，韓信因而襲之，田横怒烹酈生，此事相近。○杜佑曰：作誑詐之事於外，佯漏泄之，使吾間知之。吾間至敵中，爲敵所得，必以誑事輸敵，敵從而備之。吾所行不然，間則死矣。又云：敵間來，聞我誑事以持歸，然皆非所圖也。二間皆不能知幽隱深密，故曰

死間也。蕭世誠曰：「所獲敵人及己叛亡軍士有重罪繫者，故爲貸免，相勑勿泄，佯不祕密，令敵間竊聞之。吾因縱之使亡，亡必歸，敵必信焉，往必死，故曰死間。」○梅堯臣曰：以誑告敵，事乖必殺。○王晳曰：詐吾間，使敵得之。間以吾詐告敵，事決必殺之也。○何氏曰：如戰國鄭武公欲伐胡，先以其子妻胡，因問群臣曰：「吾欲用兵，誰可伐者？」大夫關（思期）〔期思〕曰：「胡可。」武公怒而戮之，曰：「胡，兄弟之國，子言伐之，何也？」胡君聞之，以鄭爲親己，不備，鄭襲而取之。此用死間之勢也。又，班超發于闐諸國兵擊莎車、龜茲二國，揚言兵少不敵，罷散，乃陰緩生口，歸以告。龜茲王喜而不虞。超即潛勒兵，馳赴莎車，大破降之。斯亦同死間之勢。又，李靖伐突厥頡利可汗，以唐儉先在突厥結和親，突厥不備，靖因掩擊，破之。○張預曰：欲使敵人殺其賢能，乃令死士持虛僞以赴之，吾間至敵，爲彼所得，彼以誑事爲實，必俱殺之。我朝曹太尉嘗貸人死，使僞爲僧，吞蠟彈入西夏，至，則爲其所囚，僧以彈告，即下之，開讀，乃所遺彼謀臣書也。戎主怒，誅其臣，並殺間僧。此其義也。然死間之事非一，或使吾間詒敵約和，我反伐之，則間者立死，酈生烹於齊王，唐儉殺於突厥是也。

生間者，反報也。

李筌曰：往來之使。○杜牧曰：往來相通報也。生間者，必取內明外愚，形劣心壯，趫捷勁勇，閑於鄙事，能忍飢寒垢恥者爲之。○賈林曰：身則公行，心乃私覘，往反報復，常無所害，故曰生間。○杜佑曰：擇己有賢材智謀，能自開通於敵之親貴，察其動靜，知其事計，彼所爲已知其實，還以報我，故曰生間。○梅堯臣曰：使智辨者往覘其情，而以歸報也。○何氏曰：如華元登子反之牀而歸。又如隋達奚武爲東秦刺史時，齊神武趣沙苑，太祖遣武覘之，武從三騎，皆衣敵人衣服，至日暮，去營數百步，下馬潛聽，得其軍號，因上馬歷營，若警夜者，有不如法者，往往撻之。具知敵之情狀，以告太祖，太祖深嘉焉，遂破之。○張預曰：選智能之士往視敵情，歸以報我，若婁敬知匈奴之強，以告高祖之類。然生間之事亦衆，或己欲退，告敵以戰；或己欲戰，告敵以退。若秦行人夜戒晉師曰：「來日請相見。」臾駢曰：「使者目動而言肆，懼我也。」秦果夜遁。又，吕延攻乞伏乾歸，大敗之。乾歸乃遣間稱東奔成紀，延信而追之。耿稚曰：「告者視高而色動，必有姦計。」延不從，遂爲所敗是也。

故三軍之事，莫親於閒，

杜牧曰：受辭指蹤在於卧内。○杜佑曰：若不親撫，重以禄賞，則反爲敵用，洩我情實。○梅堯臣曰：入幄受詞，最爲親近。○王晳曰：以腹心親結之。○張預曰：三軍之士，然皆親撫，獨於閒者以腹心相委，是最爲親密也。

賞莫厚於閒，

杜佑曰：以重賞賞之，而賴其用。○梅堯臣曰：爵禄金帛，我無愛焉。○王晳曰：軍功之賞莫厚於此。○張預曰：非高爵厚利不能使閒。陳平曰：「願出黄金四十萬斤，閒楚君臣。」

事莫密於閒。

杜牧曰：出口入耳也。「密」一作「審」。○杜佑曰：閒事不密，則爲己害。○梅堯臣曰：幾事不密，則害成。○王晳曰：獨將與謀。○張預曰：惟將與閒得聞其事，非密與？

非聖智不能用閒，

杜牧曰：先量閒者之性，誠實多智，然後可用之。厚貌深情，險於山川，非聖人莫能知。○梅堯臣曰：知其情僞，辨其邪正，則能用。○王晳曰：聖通而先識，智明於事。○張預曰：聖則事無不通，智則洞照幾先，然後能爲閒事。或曰：聖智則能知人。

非仁義不能使閒，

陳皥曰：仁者有恩以及人，義者得宜而制事。主將者既能仁結而義使，則閒者盡心而覘察，樂爲我用也。○孟氏曰：太公曰：「仁義著，則賢者歸之。」賢者歸之，則其閒可用也。○梅堯臣曰：撫之以仁，示之以義，則能使。○王晳曰：仁結其心，義激其節，仁義使人，有何不可？○張預曰：仁則不愛爵賞，義則果決無疑。既啗以厚利，又待以至誠，則閒者竭力。

非微妙不能得閒之實。

杜牧曰：閒亦有利於財寶，不得敵之實情，但將虚辭以赴我約，此須用心淵妙，乃能酌其情僞虚實也。○杜佑曰：用意密而不漏。○梅堯臣曰：防閒反爲敵所使，思慮故宜幾微臻妙。○王晳曰：謂閒者必性識微妙，乃能得所閒之事實。○張預曰：閒以利害來告，須用心淵微精妙，乃能察其真僞。

微哉微哉，無所不用間也！

杜牧曰：言每事皆須先知也。○梅堯臣曰：微之又微，則何所不知！○王晳曰：丁寧之，當事事知敵之情也。○張預曰：密之又密，則事無巨細，皆先知也。

間事未發而先聞者，間與所告者皆死。

杜牧曰：告者非誘間者，則不得知間者之情，殺之可也。○陳皞曰：間者未發其事，有人來告，其聞者、所告者亦與間者俱殺以滅口，無令敵人知之。○梅堯臣曰：殺間者，惡其泄。殺告者，滅其言。○何氏曰：兵謀大事，泄者當誅，告人亦殺，恐傳諸衆。○張預曰：間敵之事，謀定而未發，忽有聞者來告，必與間俱殺之，一惡其泄，一滅其口。秦已間趙不用廉頗，秦乃以白起爲將，令軍中曰：「有泄武安君將者，斬！」此是已發其事，尚不欲泄，況未發乎？

凡軍之所欲擊，城之所欲攻，人之所欲殺，必先知其守將、左右、謁者、門者、舍人之姓名，令吾間必索知之。

李筌曰：知其姓名，則易取也。○杜牧曰：凡欲攻戰，先須知敵所用之人賢愚巧拙，則量材以應之。漢王遣韓信、曹參、灌嬰擊魏豹，問曰：「魏大將誰也？」對曰：「柏直。」漢王曰：「是口尚乳臭，不能當韓信。騎將誰也？」曰：「馮敬。」曰：「是秦將馮無擇子也。雖賢，不能當灌嬰。步卒將誰也？」曰：「項它。」曰：「是不能當曹參。吾無患矣。」○陳皞曰：此言敵人左右姓名，必須我先知之。或敵使間來，我當使間去，若不知其左右姓名，則不能成間者之説。漢高伐秦，至嶢關，張良曰：「吾聞其將賈豎爾，可以利啗之。」又曰：「其將雖曰欲和，其軍士未肯，不如因其懈而擊之。」乃進兵擊破之。又，宋華元夜登子反之床，以告宋病，若非素知門人、舍人、左右姓名，先使間導之，又何由得登其床也？○杜佑曰：守，謂官守職任者。謁，告也，主告事者也。門者，守門者也。舍人，守舍之人也。必先知之爲親舊，有急則呼之，則不可不知，亦因此知敵之情。○梅堯臣曰：凡敵之左右前後之姓名，皆須審省，而令吾間先知，則吾間可行矣。○王晳曰：不可臨事求也。○張預曰：守將，守官任職之將也。謁者，典賓客之官也。門者，閽吏也。舍人，守舍之人也。凡欲擊其軍，欲攻其城，欲殺其人，必先知此左右之姓名，則可也。欲潛入其軍，則呼其姓名而往，若華元夜登子反之床，

以告宋病，杜元凱註引此文謂元用此術，得以自通是也。又，漢高祖入韓信卧内，取其印，亦近之。

必索敵人之閒來閒我者，因而利之，導而舍之，

杜佑曰：舍，居止也。令吾人遺以重利，復遇而舍之，則可令詭其辭。

故反閒可得而用也。

曹操曰：舍，居止也。○杜牧曰：敵閒之來，必誘以厚利而止舍之，使爲我反閒也。○杜佑曰：故能取敵之閒而用之。○梅堯臣曰：必探索知敵之來閒者，因而利誘之，引而舍止之，然後可爲我反閒也。○王晳曰：此留敵閒以詢其情者也。必謹舍之，曲爲辯説，深致情愛，然後啗以大利，威以大刑，自非至忠於其君王者，皆爲我用矣。○張預曰：索，求也。求敵閒之來窺我者，因以厚利，誘導而館舍之，使反爲我閒也。言舍之者，謂稽留其使也。淹延既久，論事必多，我因得察敵之情。下文言四閒皆因反閒而知，非久留其人，極論其事，則何以悉知？

因是而知之，故鄉閒、内閒可得而使也。

杜牧曰：若敵閒，以利導之，尚可使爲我反閒，因此乃知，厚利亦可使鄉閒、内閒也。此言使閒非利不可。故上文云：「相守數年，争一日之勝，而愛爵禄百金，不知敵情者，不仁之至也。」下文皆同其義也。○陳皥曰：此説踈也。言敵使閒來，以利啗之，誘令止舍，因得敵之情，因閒、内閒可使反閒誘而使之。○杜佑曰：因反敵閒而知敵情，鄉閒皆可得使。○梅堯臣曰：其國人之可使者，其官人之可用者，皆因反閒而知之。○張預曰：因是反閒，知彼鄉人之貪利者，官人之有隙者，誘而使之。

因是而知之，故死閒爲誑事，可使告敵。

張預曰：因是反閒，知彼可誑之事，使死閒往告之。

因是而知之，故生閒可使如期。

杜牧曰：可使往來如期。○陳皥曰：言五閒皆循環相因，惟生閒可使如期。○杜佑曰：因誑事而知敵情。生閒往返，可使知其敵之腹心所在。○梅堯臣曰：令吾閒以誑告敵者，須因

反閒而知敵之可誑也。生閒以利害覘敵情，須因反閒而知其疎密，則可往得實而歸如期也。○張預曰：因是反閒知彼之情，故生閒可往復如期也。

五閒之事，主必知之，

李筌曰：孫子殷勤於五閒，主切知之。

知之必在於反閒，故反閒不可不厚也。

杜牧曰：鄉閒、内閒、死閒、生閒，四閒者，皆因反閒知敵情而能用之，故反閒最切，不可不厚也。○杜佑曰：人主當知五閒之用，厚其祿，豐其財。而反閒者，又五閒之本，事之要也，故當在厚待。○梅堯臣曰：五閒之始皆因緣於反閒，故當厚遇之。○張預曰：人主當用五閒以知敵情，然五閒皆因反閒而用，則是反閒者，豈可不厚待之耶？

昔殷之興也，伊摯在夏；

曹操曰：伊摯，伊尹也。

周之興也，吕牙在殷，

曹操曰：吕牙，太公也。○梅堯臣曰：伊尹、吕牙，非叛於國也，夏不能任而殷任之，殷不能用而周用之，其成大功者，爲民也。○何氏曰：伊、吕，聖人之耦，豈爲人閒哉？今孫子引之者，言五閒之用，須上智之人如伊、吕之才智者可以用閒，蓋重之之辭耳。○張預曰：伊尹，夏臣也，後歸於殷；吕望，殷臣也，後歸於周。伊、吕相湯、武，以兵定天下者，順乎天而應乎人也，非同伯州犁之奔楚，苗賁皇之適晉，狐庸之在吴，士會之居秦也。

故惟明君賢將，能以上智爲閒者，必成大功。此兵之要，三軍之所恃而動也。

李筌曰：孫子論兵，始於計而終於閒者，蓋不以攻爲主，爲將者可不慎之哉？○杜牧曰：不知敵情，軍不可動，知敵之情，非閒不可，故曰「三軍所恃而動」。李靖曰：「夫戰之取勝，此豈求於天地？在乎因人以成之。歷觀古人之用閒，其妙非一，即有閒其君者，有閒其親者，有閒其賢者，有閒其能者，有閒其助者，有閒其鄰好者，有閒其左右者，有閒其縱横者，故子貢、史廖、陳軫、蘇秦、張儀、范雎等皆憑此而成功也。且閒之道有五焉：有因其邑人，使潛伺察

而致辭焉；有因其仕子，故洩虛假令告示焉；有因敵之使，矯其事而返之焉；有審擇賢能，使覘彼向背虛實而歸說之焉；有佯緩罪戾，微漏我僞情浮計使亡報之焉。凡此五閒，皆須隱祕，重之以賞，密之又密，始可行焉。若敵有寵嬖，任以腹心者，我當使閒遺其珍玩，恣其所欲，順而旁誘之。敵有重臣失勢，不滿其志者，我則啗以厚利，詭相親附，採其情實而致之。敵有親貴左右，多辭誇誕、好論利害者，我則使閒曲情尊奉，厚遺珍寶，揣其所閒而反閒之。敵若使聘於我，我則稽留其使，令人與之共處，矯致慇懃，僞相親暱，朝夕慰諭，倍供珍味，觀其辭色而察之，仍朝夕令使獨與己伴居，我遣聽耳者潛於複壁中聽之，使既遲違，恐彼怪責，必是竊論心事。我知事計，遣使用之。且夫用閒閒人，人亦用閒以閒己，己以密往，人以密來，理須獨察於心，參會於事，則不失矣。若敵人來，欲候我虛實，察我動靜，覘知事計而行其閒者，我當佯爲不覺，舍止而善飯之，微以我僞言誑事，示以前却期會，則我之所須爲彼之所失者，因其有閒而反閒之。彼若將我虛以爲實，我即乘之而得志矣。夫水所以能濟舟，亦有因水而覆没者。閒所以能成功，亦有憑閒而傾敗者。若束髮事主，當朝正色，忠以盡節，信以竭誠，不詭伏以自容，不權宜以爲利，雖有善閒，其可用乎？」○陳皥曰：晉伯州犁奔楚，楚苗賁皇奔晉，及晉、楚合戰於鄢陵，苗賁皇在晉侯之側，伯州犁侍於楚王，二人各言舊國長短之情。然則晉所以勝楚者，楚所以敗者，其故何也？二子則有優劣也。是知用閒之道，閒敵之情，得不慎擇其人，深究其說也？故上文云「非聖智莫能用閒」者。夫聖智知人，人即附之；賢者受知，則戮力爲效。非聖非智，必猜必忌。公道不啓，仁義不施，則義士賢人因而銜憤，此將上天不祐，幽有鬼神，設無人事之變，恐有陰誅之禍，豈上智之士爲其用哉？故上文云：「非仁義莫能使閒。」然則湯、武之聖，伊、呂宜用，伊、呂獲用，事宜必濟。聖賢一會，交泰時乘，道合乾坤，功格寰宇，當其耕夫於畎畝，釣叟於渭濱，知我者，誰能無念也？○賈林曰：軍無五閒，如人之無耳目也。○王晳曰：未知敵情者，不可動也。○張預曰：用師之本，在知敵情，故曰「此兵之要」也。未知敵情，則軍不可舉，故曰「三軍所恃而動」也。然處十三篇之末者，蓋用非兵之常也。若計、戰、攻、形、勢、虛實之類，兵動則用之，至於火攻與閒，則有時而爲耳。